SOCIAL MEDIA EINFACH ERKLÄRT

Entdecken Sie das unglaubliche
Potenzial von Social Media

VON MARK W. SCHAEFER

Schaefer Marketing Solutions www.businessesGROW.com
Erste Auflage: Januar 2014

Der Herausgeber ist nicht verantwortlich für Websites (oder deren Inhalte) die nicht im Besitz des Verlages sind.

Layout und Design von Sarah Mason.

Library of Congress Cataloging-in-Publication Data
„Schaefer, Mark W. Social Media Explained: Untangling the World's
Most Misunderstood Business Trend".
Mark W. Schaefer - 1. Auflage.
ISBN: 978-1535189323

We create content, but content also creates us.

This book is dedicated to my readers everywhere.

Inhaltsverzeichnis

Darf ich um Ihre Aufmerksamkeit bitten?

Sind Sie einer dieser Geschäftsmänner, die aktuell einen Job machen, der einmal aus drei bestanden hat, der seine Geschäftsreisen mit dem Familienleben irgendwie unter einen Hut bringen und dann auch noch schauen muss, dass man immer auf dem Laufenden bleibt, was die neusten "Business-Trends" angeht? Dann kann ich Ihnen gerne sagen, dass ich weiss, wie Sie sich fühlen. Denn genau da wo Sie jetzt stehen, war ich auch einmal.

Und als wäre das alles nicht schon genug, möchte man jetzt von Ihnen auch noch eine ausgearbeitete Social Media Strategie.

Sie haben bestimmt bereits verinnerlicht, dass Facebook, YouTube und Twitter hohes Marketingpotenzial haben und sind sich deshalb der Wichtigkeit der Thematik bewusst. Für viele Leute sind die sozialen Netze heute die beliebteste Art miteinander zu kommunizieren, sich auszutauschen, zu lernen und neue Produkte und Dienstleistungen zu finden. Mittlerweile ist es auch der wichtigste Ort, an dem Kunden ihre Käufe diskutieren, sich Hilfe holen, Bewertungen schreiben und sich beschweren. Immer mehr Marketingbudget wird hier eingesetzt.

Im Gegensatz dazu lesen wir in fast jeder Studie, dass viele Entscheidungsträger immer noch nicht wissen, was sie in den Social Media alles machen können und wie man sie für sich nutzen kann. Selbst die Marketingbeauftragten in Firmen, die eigentlich in dieser Welt zu Hause sein sollten, wissen zuweilen nicht so recht, wie eine solche Strategie aussehen kann, welche Vorteile Social Media tatsächlich hat und vor allem wie man Social Media in die Gesamtstrategie einbinden kann.

Hinzu kommt, dass Kunden und diejenigen die es werden könnten, Erwartungen an die Firma haben. Sie erwarten Austausch und Information in Form von Blogs, Facebook-Seiten und anderen Präsenzen in Social Media. Aber wo genau fängt man an, um überhaupt etwas zu bewirken, und wie misst man den Erfolg? Genau bei diesen Fragen wundert es mich nicht, dass Sie sich unsicher sind, wie viel Geld und Zeit man in Social Media stecken soll; immer im Hinterkopf, dass man nicht recht weiss, was denn genau damit erreicht werden kann.

Vielleicht sind Sie sich auch nicht sicher, an welchem Punkt Sie überhaupt anfangen sollen, sich mit dem Thema auseinanderzusetzen- welches die richtigen Fragen sind. Und dann kommt der Druck der steten Veränderungen; man hat das Gefühl, dass man nicht mehr weiss, worum es geht, wenn man sich nur eine Weile nicht damit beschäftigt hat.

Da ich all das aus meinen eigenen Erfahrungen kenne, habe ich das Buch für Sie geschrieben – die Firmenbesitzer, Sales- oder Marketingleiter, die genug von dieser Materie verstehen müssen, um gute Entscheidungen im Bereich Social Media treffen zu können.

Um keine falschen Erwartungen zu schüren: Sie werden nicht DER Social Media Experte, weil Sie mein Buch gelesen haben. Aber das müssen Sie vielleicht auch nicht werden. Um eine gute Führungskraft zu sein, müssen Sie nur genug wissen, um die richtigen Fragen zu stellen. Den Rest machen dann die Fachleuchte. Und das werden Sie mithilfe des Buches meistern.

Social Media Explained ist in vier kurze Abschnitte unterteilt: Der erste widmet sich den Fundamenten, wie Social Media in einer Firma funktioniert und wie die Plattformen zusammen hängen. Wenn Sie die dort vorgestellten Konzepte verstehen, dann haben Sie ein gutes Basisverständnis, das es ihnen leichter macht, auch die zukünftigen Entwicklungen von Social Media zu verstehen.

Der zweite Abschnitt konzentriert sich auf die typischen Fragen, die ein Chef stellt und auf die man bisher keine Antwort kannte oder nicht konkret werden konnte. Das können Sie nun mithilfe des Buches. Der dritte Abschnitt ist eine Fallstudie, die verdeutlicht, wie die Konzepte dann im tatsächlichen Business-Alltag umgesetzt werden.

Zuletzt bekommen Sie einen Einblick in die wichtigsten Social Media Plattformen, sodass Sie mitreden können, wenn wieder einmal diskutiert wird, welche Vorteile Twitter gegenüber Facebook hat, etc.

Ich habe mich auf die praktischen, relevanten Dinge konzentriert, die tatsächlich dabei helfen, einen Weg aus dem Social Media Dickicht zu bekommen, und die dabei helfen, Social Media-Marketing zu verstehen- selbst wenn man vorher noch nie einen Tweet gesehen hat.

Wenn Sie mir also Ihre Aufmerksamkeit schenken und sich auf das Buch konzentrieren, vielleicht sogar ein paar Notizen machen, dann kann ich Ihnen versprechen, dass Sie die richtigen Fragen stellen werden. Und genau das hilft Ihnen, Zeit und Geld zu sparen, und sich nicht den Kopf über falsche Entscheidungen zerbrechen zu müssen.

Ich wünsche Ihnen viel Spass beim Lesen und freue mich auf angeregte Diskussionen in den Social Media.

ABSCHNITT 1

Die 5 Fundamente der Social Media-Strategie

KAPITEL 1

Kauf und Verkauf: der menschliche Faktor

Der Einstieg in das Thema Social Media beginnt mit einer kurzen Betrachtung der Marktplätze im mittelalterlichen Europa; Jahrhunderte vor unserer Zeit. Vertrauen Sie mir – Sie werden sehen, dass diese Betrachtungsweise durchaus sinnvoll ist.

Die ersten Aufzeichnungen über europäische Marktplätze reichen bis ins Jahr 1000 n. Chr. zurück und waren die Lösung eines grossen Problems der damaligen Zeit. Die Dörfer und Städte jener Zeit standen in einem ständigen Konkurrenzkampf beim Handel von Waren. Krämer zogen von Stadt zu Stadt; der Handel erfolgte dabei jedoch ohne Struktur und festes Regelwerk. Lokale Fürsten erliessen dann, in Folge des ungeregelten Handels und Treibens, einige grundlegende Regeln.

Dies waren einige der Charakterzüge dieser neu organisierten Marktplätze:

Es gab ein persönliches und interaktives Miteinander. Man stand dem Verkäufer persönlich gegenüber, schaute ihm in die Augen und besiegelte den Handel mit einem Handschlag. Der Gang zum Markt führte teilweise an Höfen und Werkstätten vorbei, wo man Waren und Produktionsabläufe sehen und „hautnah erleben" konnte. Die Menschen erwarteten diese Form der Transparenz und konnten sich so von der Qualität der Produkte überzeugen, welche sie dann kauften.

Es waren unmittelbare Geschäfte. Fühlte sich jemand nicht gerecht behandelt oder „über den Tisch gezogen", bekam der Händler eine unmittelbare Rückmeldung, denn sie klopften direkt an seine Tür. Das heisst: Rückmeldungen hinsichtlich Qualität, Service oder faire Preise erfolgten direkt, unmittelbar und gingen direkt an denjenigen, den es etwas anging.

Der Erfolg war abhängig von persönlichen Weiterempfehlungen. Es gab keine Werbung im heutigen Sinne, keine Massenmedien und keine PR. Hatte man einen Käufer betrogen, so wussten es sofort alle auf dem betreffenden Marktplatz. Folglich musste man seine Kunden gut behandeln und manchmal sogar ein wenig Extraaufwand betreiben, um nicht nur seine Stammkunden zufriedenzustellen, sondern auch, um wertvolle Weiterempfehlungen und damit Neukunden zu gewinnen.

Es gab ein grundlegendes Bedürfnis, sich zu vernetzen. Das Marktgeschehen der damaligen Zeit beschränkte sich nicht nur auf den blossen Kauf und Verkauf von Waren. Es gab einen weiteren sozialen Aspekt auf solchen Märkten, der ebenfalls dazu gehörte: Die Leute begannen, sich über Neuigkeiten, Gerüchte oder das Familien- und Stadtleben im Allgemeinen auszutauschen.

Zusammenfassend kann man sagen, dass die ersten Märkte Orte der sozialen Interaktion waren und über einen teils sehr intimen Charakter verfügten. So blieb es über Jahrhunderte.

Bis sich um das Jahr 1439 grundlegende Veränderungen anbahnten. Die Druckpresse wurde erfunden und im Zuge dessen hielten rasch Flyer, Zeitungen und Magazine Einzug in die Gesellschaft. Dies förderte eine neue Ära der Werbung, die dazu führte, dass die bis dahin übliche Form der zwischenmenschlichen Interaktion mit Weiterempfehlung und Mund-zu-Mund-Propaganda – welche über Jahrhunderte eine Grundlage des Handels war – sich fundamental veränderte. Wenngleich der Grossteil des täglichen Handels sich nach wie vor auf die nähere Nachbarschaft beschränkte und durch klassische Familienbetriebe und kleine Ladengeschäfte dominiert wurde.

Als am 2. November 1920 der erste kommerzielle Radiosender KDKA im amerikanischen Pittsburgh den regelmässigen Betrieb aufnahm, war dies der Beginn der Ära der Massenkommunikation. Damit einhergehend vollzog sich ein weiterer grundlegender Wandel in der alltäglichen Kommunikation.

Zu der Zeit konnten wir noch nicht wissen, dass wir uns damit auf eine Einbahnstrasse begeben hatten, die uns vom Kunden wegführte: wir hatten eine permanente elektronische und digitale Lücke zwischen Käufer und Verkäufer erschaffen, in dem wir den persönlichen Faktor in der Kommunikation ausschalteten. Man kaufte Werbezeit, produzierte standardisierte Werbespots und wartete darauf, dass irgendetwas passierte. Fernsehen, das Internet und Webseiten gaben uns noch mehr Möglichkeiten, grosse Kundenmengen schnell und effizient anzusprechen.

Vielleicht ist dies der Punkt, an dem Sie heute mit Ihrer Firma stehen: Werbung produzieren, Pressemitteilungen herausgeben und besondere Angebote auf der eigenen Website präsentieren.

Das Problem dabei ist, dass viele traditionelle Kommunikationsformen und Verkaufswege immer schneller an Bedeutung verlieren.

Die Zeitung *Association of America* berichtete, dass, angepasst an die Inflation, die Einnahmen aus dem Anzeigengeschäft (Printmedien) in Amerika, heute wieder auf den Stand der 50er Jahre des 20. Jahrhunderts zurückgefallen sind. Fast alle grossen Zeitungen auf dem amerikanischen Markt verlieren derzeit Offline-Leserschaft und in zahlreichen Städten wird gar keine täglich erscheinende Zeitung mehr gedruckt. Diesen Trend lässt sich auch in anderen Teilen der Welt beobachten.

Weiterhin berichtete das Rechercheunternehmen *Nielsen*, dass die Anzahl aktiver Fernsehstunden zum ersten Mal in der Geschichte wieder sinkt. Traditionelle Fernsehprogramme und Sehgewohnheiten verschwinden zusehend. Heute schaut man seine Lieblingsprogramme immer häufiger mittels eines Streamingdienstes bzw. einer App im Internet an und kann so lästige Werbeblöcke umgehen.

Selbst Webseiten sind unter Druck geraten. Von ein paar

Ausnahmen abgesehen, sanken in den letzten 3 Jahren auch die Besucherzahlen auf Firmenwebsites.

Der Beginn der Social Media Ära

Wenn also die traditionellen Medien und Kommunikationsmittel zunehmend an Bedeutung verlieren- wo gehen die Leute hin? Bestimmt wissen Sie es bereits. In die sozialen Netzwerke – dem Social Net. Social Media Plattformen wie Facebook, Twitter und Pinterest geben den Leuten die Möglichkeit, Neuigkeiten, Fotos, Videos und persönliche Ereignisse zu teilen und ersetzen damit den klassischen Kommunikations-Marktplatz. In den Sozialen Netzwerken findet man neben dem kommunikativen Informationsaustausch, Meinungen und Erfahrungen nun auch seine Produkte und Dienstleistungen und bekommt alle Fragen dazu beantwortet.

Das Medienforschungsunternehmen Edison Research hat zum Beispiel herausgefunden, dass 80% der Amerikaner, die jünger als 24 Jahre sind, einen Facebook-Account haben und die Hälfte von ihnen nutzt ihn mindestens einmal am Tag. Dies scheint wohl die stärkste Bindung an eine Marke zu sein, die jemals beobachtet wurde. Facebook ist ohne Zweifel das derzeit grösste Medienunternehmen bzw. soziale Netzwerk aller Zeiten.

Nun wird es interessant, denn wir gehen zurück in die Zukunft! Lassen Sie uns die Charakteristika des Social Net betrachten:

Das Social Net ist persönlich **und** interaktiv. Um im Social Net Erfolg zu haben, darf man sich nicht auf althergebrachte Kategorien wie B2B oder B2C versteifen. Die Erfolgsstrategie im Social Net heisst P2P - Person to Person. Social Media ist SOZIAL. Im Mittelpunkt des Social Net steht der persönliche Informationsaustausch. **Klassische Werbe- oder Verkaufsbotschaften, sowie ständige „Bearbeitung" potenzieller Kunden zeigen im Social Net so gut wie keine Wirkung.** Der Mensch der Social Media Ära nutzt seinen Facebook-Account nicht, um Ihre neuesten Kugellager zu bestaunen. Der User im Social Net sucht Unterhaltung, Information und Zerstreuung, spielt *Farmville* oder schaut Fotos zu mehr oder minder sinnvollen Lebensweisheiten und Alltagssituationen an. Jedoch verbringen dieselben Besucher des Social Net auch viel Zeit mit jemandem, der ihnen hilft ihre Bedürfnisse zu befriedigen, der Lösungen anbietet, sie glücklich macht, ihnen hilft, Geld zu verdienen, oder Möglichkeiten aufzeigt, Geld und Zeit zu sparen.

Das Social Net reagiert unmittelbar **und** direkt. Sollte jemand mit Ihnen oder Ihrer Firma unzufrieden sein, werden sie es vermutlich unmittelbar und direkt mitbekommen. Vielleicht ist gerade in diesem Moment ein User online und berichtet über Ihr Produkt oder Ihre Dienstleistung und vielleicht – im schlimmsten Fall - ist es keine positive Meinung, die sich da im sozialen Netzwerk verbreitet. Nutzt man das Internet bzw. das Social Net nicht aktiv, verpasst man äusserst wichtigen Signale und Informationen über Wünsche, Sorgen, Fragen oder Probleme, die Kunden im Social Net umtreiben. Seien Sie vorbereitet, den Menschen im Social Net zuzuhören und ihnen direkt und unmittelbar zu antworten, auf Wünsche und Fragen zu reagieren, zu interagieren und zu überzeugen – genau wie auf den mittelalterlichen Märkten: direkt, persönlich und unmittelbar.

Die persönliche Weiterempfehlung **als wichtiger Erfolgsfaktor.** Wir befinden uns in einer Zeit, in der JEDER schnell etwas veröffentlichen und so eine mehr oder weniger grosse Leserschaft in kürzester Zeit erreichen kann. Um eine Bewertung zu schreiben, einen Blog-Artikel zu verfassen, oder ein Video zu produzieren, braucht man nur einen Computer und einen Internetanschluss. Jeder kann seine Meinung publizieren. Was wir erleben, ist die Demokratisierung von Wissen, Information und Einfluss. Solange Sie ein Unternehmen mit gutem Ruf führen, ist dies eine gute und beruhigende Tatsache für Sie. Man spricht über die hohe Qualität Ihrer Produkte oder Dienstleistungen, Ihren guten Service und Ihre attraktiven Angebote. Meinungen und Informationen werden geteilt und von Fans im Social Net weltweit verbreitet. Social Media bietet einzigartige Möglichkeiten, Meinungsführer und neue Fans zu identifizieren, für ihr positives Feedback zu „belohnen" und deren positive Einstellung in die eigene Kommunikationsstrategie einzubinden.

Vernetzung ist ein Grundbedürfnis. Natürlich muss niemand seine Zeit im Social Net verbringen. Jedoch wird hier ein fundamentales Grundbedürfnis des Menschen angesprochen. Immer mehr Menschen möchten im Social Net präsent sein, weil es der neue Marktplatz der Social Media Ära ist, wo Persönliches, Erfahrungen und Wünsche ausgetauscht werden. Der grosse Unterschied ist jedoch, dass man nun seine Meinung nicht mit seinen 6 Nachbarn teilt, sondern vielleicht mit 6´000 Follower auf Twitter oder Facebook.

Zurück in die Zukunft

Tatsache ist, dass genau diese Werte und Erwartungen (direkter persönlicher Kontakt, Interaktion, Vernetzung und unmittelbare Reaktion) uralte Handlungsgrundlagen sind, die Verkäufer und Käufer schon seit Jahrhunderten verbinden. Einfach gesagt, haben wir das natürliche, gewachsene Bedürfnis- und Kommunikationsmuster mit der Einführung der Massenmedien für ca. 100 Jahre unterbrochen. Wir haben zwar gelernt, dass man sehr effizient verkaufen kann, indem man gezielt Radiospots nutzt, im Fernsehen permanent Präsenz zeigt und auch im Internet erfolgreich verkaufen kann. Dies entspricht auch immer noch der Wahrheit, aber man fördert damit auch eine permanente digitale Distanzierung zwischen einem selbst und dem Kunden. Mit der herkömmlichen Ansprache durch die „alten" Massenmedien unterdrücken wir die menschliche Seite der Kundeninteraktion, die aber wiederum vom Kunden gewünscht wird.

Vielleicht finden auch Sie den Gedanken befremdlich, sich bzw. ihr Unternehmen den Social Media und damit jedermann zu öffnen. Seit Generationen haben wir uns daran gewöhnt, uns perfekt zu inszenieren und für unsere Produkte und Dienstleistungen zu werben – ohne jedoch dem Kunden die Möglichkeit für eine direkte Interaktion oder direktes Feedback einzuräumen. Manch einer mag sich sogar wünschen, dass man die Uhr zurückdreht und Social Media einfach wieder verschwindet.

Aber es gibt nichts, was wir dagegen machen können. Diesen Trend zu ignorieren, wäre so absurd, wie die Existenz von Zeitungen oder Fernsehen zu negieren.

Aber es hilft sehr, den Betrachtungswinkel zu verändern

und Social Media als Zurückführung zu unseren kommunikativen Wurzeln zu betrachten- wie einst auf den mittelalterlichen Marktplätzen, auf denen persönliche Kommunikation, Direktheit, Empfehlungen und Mund-zu-Mund Propaganda im Fokus der alltäglichen Marketingkommunikation bzw. des traditionellen Handels standen.

Wir gehen dabei nur einen Schritt zurück, nämlich dorthin wo Menschen schon IMMER von uns kaufen wollten: nämlich von Person zu Person. Menschen kaufen von Menschen. Sie haben nun die Möglichkeit, Ihre Firma zu "vermenschlichen" und eine kommerzielle Renaissance mitzugestalten.

Einer meiner liebsten Fallstudien veranschaulicht die Macht der sozialen Medien in einer familiengeführten Bäckerei in Houston. Die *Dessert Gallery* hat ca. 3´000 treue Facebook-Fans. Eine Studie der Rice University hat bewiesen, dass diese eher kleine Community folgende Vorteile für die Bäckerei bringt:

- 36% mehr Ladenbesuche von Facebook-Fans als von Kunden die nicht Facebook nutzen.

- 45% mehr Ausgaben in der Bäckerei pro Kunde.

- 33% mehr Ladenbesuche in der Bäckerei.

- Grosse emotionale Bindung an die Marke (Kundentreue)

Die Besitzer haben ihre Facebook-Seite gezielt dazu genutzt, um Kunden einen Einblick in ihr Unternehmen und dessen Produkte zu verschaffen, Probleme und Wünsche äussern zu können, Angebote zu kommunizieren und um wertvollen Feedback für neue Produkte direkt vom Kunden zu erhalten.

Aber am meisten mag ich das Interview mit der Besitzerin. Sie erklärt, dass sie neben dem Tagesgeschäft nicht mehr viel Zeit für den persönlichen Austausch mit ihren Kunden hat. Aber durch die Nutzung von Social Media kann sie wöchentlich mit hunderten Leuten persönlich kommunizieren. Sie kann ihnen Firmeneinblicke geben, Kommentare beantworten und gibt ihnen die Möglichkeit, an Wettbewerben und Umfragen teilzunehmen. Sie liebt es, ihre Facebook-Fans zu belohnen, und ihnen mit kostenlosen Keksen oder Brownies eine Freude zu bereiten.

Ich nutze diese Fallstudie in meinem Unterricht und es kommt immer die Frage auf: „...ist das nachhaltig? Kann die Besitzerin ihr Unternehmen durch die Nutzung von Social Media vergrössern?"

Die Antwort ist immer die gleiche: "Natürlich, du musst

in diesem Kommunikationsprozess aus „normalen" Kunden „treue" Kunden bzw. „Fans" machen."

Im nächsten Kapitel sehen Sie, dass genau das unsere Chance ist.

Fragen, die Führungskräfte berücksichtigen sollten

1. Wenn meine Firma ein "Gesicht" bekommt, indem es Kunden entsprechenden Content anbietet, wie sollte dieses Gesicht aussehen?

2. Wie können wir menschlicher, persönlicher und einfacher erreichbar sein für unsere Kunden? Wie können wir unsere Unternehmenskultur nutzen oder wo behindert sie die Interaktion mit dem Kunden?

3. Wer sollte das Gesicht unserer Firma sein? Vielleicht repräsentieren viele Arbeitnehmer bereits unsere Firma in den Social Media. Wie kann man diese einbinden?

KAPITEL 2

Die Theorie der „kleinen Interaktionen"

Vor einiger Zeit habe ich dieses beeindruckende Foto im Internet entdeckt. Ein Mann hat sich das Nike Logo auf die Seite seines Fusses tätowiert.

Ich habe drüber nachgedacht, wie wunderbar das doch ist. Das ist doch genau das, was alle Firmen erreichen wollen: Leute bzw. Fans zu haben, die uns so sehr lieben, dass sie ihren Körper dauerhaft mit unserem Firmenlogo schmücken wollen- richtig?

Ich fing an, mir Gedanken zu machen, wie man Kunden genau an diesen Punkt bringt. Der Mann hat sicherlich nicht sein erstes Paar Nike-Schuhe gekauft und ist danach sofort ins Tattoo-Studio gerannt. Dieses auffällige, dauerhafte Tattoo ist das Ergebnis von wiederkehrenden, positiven Interaktionen mit der Marke (über Touchpoints = Berührungspunkte), die ihn wohl so angeregt und begeistert haben, dass er diese demonstrative Form der ultimativen Kundenloyalität gewählt hat.

Diese kleinen Interaktionen sind es, die uns sowohl untereinander verbinden, aber auch als loyalen Kunden an eine Marke binden. Um Ihnen das zu demonstrieren, gehe ich ein paar Jahre zurück – dieses Mal aber nicht 1´000 Jahre – aber weit genug, dass Sie sich erinnern können, wann Sie zur Ihrer ersten Geburtstagsparty eingeladen worden sind.

Denken Sie einen Moment über Ihren ersten Schultag nach. Man war nervös, vielleicht ein wenig verängstigt und vielleicht auch etwas überfordert mit dem grossen lauten Klassenzimmer. Da war dieser grosse bunte Raum und viele Leute, die stolz ihre neuen Schulsachen präsentiert haben und von denen sie kaum jemanden kannten. Vielleicht war das sogar ihre erste Begegnung mit einem erwachsenen Vorbild, welches nicht zu Ihrem unmittelbaren, familiären Umfeld gehörte.

Und dann ist Ihnen bestimmt etwas Wunderbares passiert. Sie haben jemanden gefunden, mit dem sie reden konnten. Vielleicht fanden die anderen ihre Butterbrotdose oder ihre neuen, weissen Tennisschuhe toll. Auf jeden Fall haben Sie deren Aufmerksamkeit erregt. Und so haben sie ihre erste Freundschaft geschlossen. Als wäre es nie anderes gewesen, spielten sie fortan gemeinsam auf dem Spielplatz, halfen sich gegenseitig mit den Hausaufgaben, besuchten sich nach der Schule. Vielleicht haben sie auch angefangen, beieinander zu übernachten. Sie haben begonnen, sich gegenseitig zu vertrauen, sich aufeinander zu verlassen und eine starke persönliche Beziehung miteinander aufzubauen.

Und dann, nach Wochen oder Monaten, passierte es. Sie wurden zur Geburtstagsparty Ihres Freundes oder Ihrer Freundin eingeladen. Was ein Hochgefühl! Erinnern Sie sich daran? All diese Kleinigkeiten haben sich gelohnt – Hausaufgaben, Spielplatz und das gemeinsame Mittagessen. Sie sind damit Teil des inneren Kreises Ihrer neuen Freundschaft geworden.

Es ist nicht nur eine Marke. Es ist ein Freund.

Unsere tiefsten Beziehungen zu Firmen bauen wir genau so – Schritt für Schritt - auf. Unsere Lieblingsprodukte sind nicht nur einfach Marken – mit der Zeit werden sie unsere Freunde. Genau das ist die Idee hinter der Einbindung von Social Media in den Marketingmix. Ich gebe Ihnen ein Beispiel, was ich genau damit meine:

Ich gehe schon seit über 20 Jahren im *Home Depot* einkaufen, einem "Do-it-yourself" Laden, und mittlerweile habe ich dort bestimmt Tausende von Dollars für deren Produkte ausgegeben. Auch wenn ich mir ihr Logo nicht eintätowiert habe, so bin ich doch ein sehr loyaler Kunde.

Vor einigen Monaten hatte ich dort etwa 12 Büsche für meinen Vorgarten gekauft. Die Hälfte von ihnen ist jedoch eingegangen. Der Laden hatte eine Einjahres-Garantie auf alle Pflanzen. Also habe ich ein Foto von den eingegangenen Pflanzen gemacht (um sie nicht wieder auszugraben und dreckig in mein Auto zu stellen) und ging, mit dem Kaufbeleg in der Hand, zurück in den Laden, um eine Rückerstattung zu erhalten.

Als ich im Laden mein Anliegen präsentiert habe, erklärte mir der Servicemitarbeiter, dass ich bitte nach Hause fahren sollte, die Pflanzen ausgraben und ihnen den realen Beweis liefern sollte, bevor ich eine Rückerstattung bekomme. Ich habe ihm dann erklärt, dass ich sicher nicht in eine vierzigminütige Autofahrt investieren werde, nur um ein paar tote Pflanzen zu holen. Darauf erwiderte der Servicemitarbeiter "Wissen Sie, es könnte sich ja auch einfach um ein Foto vom Garten Ihres Nachbarn handeln."

In diesem Augenblick stieg ein Gefühl des Betrogenseins in mir auf. Wie Sie spüren, war *Home Depot* für mich nicht nur eine Marke, sondern wie ein Freund, von dem ich mich nun persönlich „verletzt" wurde. Ich fühlte mich in diesem Moment so, als ob ein langjähriger guter Freund mich einen Lügner nennt. Und das nach allem, was wir miteinander durchgemacht haben? Die sagenumwobene Küchenrenovierung? Den neuen Badezimmerfliesen? Den Steingarten? Nach all dem war „mein Freund" nicht bereit, mir mit den eingegangenen Pflanze im Wert von gerade mal $20 zu helfen?

Ich habe mich tatsächlich sitzengelassen gefühlt – obwohl ich natürlich wusste, dass das ein wenig übertrieben war. Aber ich war jahrelang ein treuer Kunde von *Home Depot* und nun erwiderte man dieses entgegengebrachte Vertrauen nicht. Warum aber sollte ich auch irgendwas erwarten? Sie waren doch nur eine grosse, gesichtslose Firma, nicht wahr?

Aber trotzdem gehen wir diese starke Beziehung mit unseren Lieblingsmarken ein, genauso wie wir Freundschaften eingehen. Freundschaften passieren nicht einfach so. Sie brauchen eine Geschichte und viele kleine Berührungspunkte, die langsam Vertrauen aufbauen und schlussendlich eine emotionale Verbindung schaffen.

Bei dieser Erfahrung mit *Home Depot* habe ich keine

P2P-Liebe gespürt. Ich hatte vielmehr ein ausgeprägtes B2N verspürt – ein unangenehmes Business to Nobody.

Lassen Sie uns die Uhr zurückdrehen und schauen, wie es anders hätte sein können. Was hätte Home Depot anders machen können um mit konstanten, hilfreichen kleinen Aktionen unsere "Freundschaft" zu erhalten und weiter zu festigen?

Einige Jahre zuvor habe ich mich für die *Home Depot Garden Clubs Karte* angemeldet. Da ich sowieso viel bei ihnen kaufe, habe ich mir gedacht, dass ich auch die Sonderaktionen für treue Kunden nutzen könnte. Aber da hatte ich falsche Erwartungen. Alles was ich bekommen habe, waren Flyer und unsinnige E-Mails.

Lassen Sie uns daher gemeinsam einen Plan entwickeln, der die kleinen, hilfreichen Interaktionen in Loyalität und in häufigere Ladenbesuche umwandelt:

- Home Depot hat Daten von Allem, was ich je bei ihnen gekauft habe. Warum senden sie mir keine automatischen Angebote basierend auf meinen bisherigen Einkäufen, Angeboten der Saison oder meiner Heimatregion? Sie könnten doch meine Bedürfnisse analysieren und entsprechende Angebote versenden.

- Noch besser. Wäre es nicht cool, wenn ich ein Tweet oder eine SMS bekomme, die mich daran erinnert, meinen Büschen extra Wasser zu geben, weil eine Hitzewelle im Anmarsch ist? Oder warum mir nicht gleich eine Pflanze anbieten, die für diese Klimaverhältnisse wie geschaffen und seit Kurzem neu im Sortiment ist?

- Die kleinen Berührungspunkte könnten mich zu hilfreichen Tipps auf der *Home Depot* Webseite führen. Sie haben fast 11´000 Beiträge und YouTube Videos über Ideen für den Garten. Aber ich würde dort nicht reinschauen, bis sie mich direkt dazu auffordern und mir direkt ihren Blog präsentieren.

- Wenn ich dann auf ihrer Webseite bin, würde ich gerne einen persönlichen Bereich mit Log-in haben, wo ich eine Auflistung meiner bisherigen Käufe einsehen kann und einen Bereich der mich daran erinnert, welche Dinge ich dafür brauche. Könnte man nicht auch einen "Buy Now"-Button einführen und mir die Einkäufe am nächsten Tag direkt nach Hause liefern oder für mich zum Abholen im Laden bereit halten?

- Ich würde gerne eingeladen werden, um Fotos meiner fertigen Gartenarbeiten auf Instagram, Pinterest oder Facebook zu teilen. Nach all der harten Arbeit könnte man doch seine Werke öffentlich präsentieren und durch andere inspiriert werden.

- Last but not least: Wenn meine Büsche austrocknen und sterben, sollte mich der Servicemitarbeiter fragen, ob ich eine Garden Club Karte habe, meine Verkaufshistorie anschauen und so bestätigen, dass ich diese Pflanzen gekauft habe. Das Problem wäre damit gelöst.

Sie sehen, wie diese kleinen, dauerhaften und vor allem bedeutenden Interaktionen zu Kundenloyalität, persönlichen Empfehlungen und gesteigerten Einkäufen führen können.

Und dann achten Sie bitte darauf, dass ich bei all diesen Ideen nicht einmal Gutscheine erwähnt habe. Es ist eine Tatsache, dass sich loyale Kunden online mit ihren Lieblingsmarken verbunden fühlen, weil sie diese lieben, nicht weil sie gute Rabatte bekommen. Recherchen von Edison Research belegen, dass 57 % der amerikanischen Social Media-User einer Firma nur deshalb folgen, weil sie etwas Positives mit der Firma verbinden. Boston Consulting Group hat bewiesen, dass die aktivsten Social Media Fans 150 % profitabler sind und acht Mal so viele Käufe durch ihre Weiterempfehlung anstossen.

Das primäre Ziel von Marketing besteht darin, Konsumenten genau an dem Punkt zu erreichen, an dem ihr Kaufverhalten beeinflusst werden kann. Social Media scheint für diese Aufgabe perfekt geeignet zu sein. Social Media ist die einzige Marketing-Disziplin, bei der Kunden zu jedem beliebigen Zeitpunkt während des Entscheidungs- und Kaufprozesses erreicht werden können; von der frühesten Phase des Produktvergleichs bis hin zur Zeit nach dem eigentlichen Kauf des Produktes. Diese Markenerfahrung und potenzielle Begeisterung kann wiederum andere User oder Kunden in ihrer Entscheidung beeinflussen. Daher wird immer häufiger Social Media gezielt eingesetzt, um Kunden zu belohnen oder um bestehende Kundenkontakte zu pflegen.

So langsam bekommen Sie vermutlich ein Gefühl dafür, wie die Dinge in den Social Media laufen.

Die starken Interaktionen, die ich beschrieben habe, sind wechselseitig und gleichermassen gewinnbringend für beide Seiten. In der Schule habe ich meinem Freund bei seinen Hausaufgaben geholfen, und er im Gegenzug bei meinen. Ich bin zu ihm nach Hause gegangen, und er ist auch zu mir nach Hause gekommen. Ich bin zu seiner Geburtstagsfeier gegangen, und er ist zu meiner gekommen. Diese wechselseitigen Verbindungen spiegeln unsere besten Firmenbeziehungen wieder.

Warum sehen wir Online-Beziehungen als etwas komplett anderes an? Warum verschwenden wir so viel Energie darauf, die Leute auf unsere Webseite zu bekommen, unseren Blog zu lesen oder unsere Facebook-Page
zu liken?

Das am häufigsten fehlende Puzzleteil in einer erfolgreichen Social Media-Strategie ist die stete Präsenz eines
Firmenrepräsentanten für den Kunden.

Warum ist die Bewertungsskala für Erfolg eher die Anzahl an Kommentaren oder die Zahl der Likes auf der
Facebook-Seite, anstatt die Anzahl an Likes und Kommentaren, die sie als Firma auf anderen Seiten abgeben?
Dieser Aufwand sollte doch als gleich wichtig betrachtet
werden, richtig?

Es ist nun mal viel einfacher Leute auf ihre Seite zu lock-
en, und es ist genauso einfach, deren Likes und Kommentare als Grad für den Erfolg zu messen. Es ist einfach das, was die meisten Ihrer Mitbewerber tun. Aber
ich stelle gerne die Frage, ob es auch das Richtige ist,
wenn doch die langfristige Strategie eine loyale Kundenbeziehung ist.

Wir werden im zweiten Teil sehen, dass Social Media
einer Firma enorm viel bieten kann. Dazu zählt Marke-
naufmerksamkeit,   Markteinsicht,   Kundeneinsicht,

kosteneffiziente Plattformen für Kundenservices und vieles. Aus Firmensicht sind all diese Dinge die beste Ausgangslage, um Social Media erfolgreich in den Verkaufsprozess einzubinden – diese kleinen Interaktionen zu erschaffen, um zu informieren, zu begeistern, Leads zu inspirierten Kunden zu machen, und um schlussendlich ihre Kundentreue mit persönlicher Aufmerksamkeit und nützlichem Content zu belohnen.

Eine Firma, die es richtig macht.

Obwohl McDonalds eine multinationale Marke ist, verstehen sie die Wichtigkeit von kleinen, konstanten und persönlichen Interaktionen.

Sollten Sie der Marke auf Twitter oder Facebook folgen, werden Sie feststellen, dass die meisten Tweets (Nachrichten auf Twitter) oder Posts (Mitteilungen auf Facebook) mit den Initialien eines Mitarbeiters versehen sind. Man weiss somit WER der Absender oder Verfasser einer Nachricht ist. Zusätzlich zum @McDonalds Twitter-Verweis hat jede Person, der es erlaubt ist, in den Social Media über die Marke zu berichten, eine eigene Seite, wo der persönliche Austausch bzw. die Interaktion vertieft werden kann. Auf der Hauptseite werden alle Verbindungen durch Fotos und Profile präsentiert, sodass jeder weiss, wer für die Firma tweetet oder posted. Diese Interaktionen sind authentisch und menschlich. Manche Fans haben sogar eine Freundschaft mit ihrem beliebtesten McDonalds Social Media Spezialist aufgebaut.

Gleichzeitig hat die PR-Abteilung der Firma wichtige Blogger der Industrie "adoptiert". Die PR-Mitarbeiter nehmen sich Zeit und stellen eine persönliche Verbindung mit dem Blogger her, um mehr über die für sie wichtigen Themen zu erfahren. So können McDonalds Mitarbeiter z. B. auf dem Blog einen Kommentar hinterlassen, sie bei der Promotion unterstützen und sie bei der Recherche unterstützen.

Und warum? Man erklärte mir, dass, wenn McDonalds ein Event mit den Bloggern plant, dann hat jeder von ihnen ein "Freund" vor Ort.

Das scheint eine Firma zu sein, die das Thema versteht, persönliche und nachhaltige menschliche Beziehungen aufzubauen. Schritt für Schritt durch kleine Berührungspunkte.

Eine detailliert erarbeitete Social Media-Basis hilft durch konstante Kontakte und Interaktionen, die Kunden daran zu erinnern, dass man da ist, dass man die Kunden liebt und man ihnen helfen möchte. Tatsächlich befinden wir uns in einer Zeit, in der es das erste Mal möglich ist, diese persönlichen Verbindungen in grossem Stil zu generieren.

Fragen, die Führungskräfte berücksichtigen sollten:

1. Wenn konstante, kleine, bewusste Provokationen Kundenbindung und Loyalität hervorbringen können, wie sähe das in meiner Branche aus? Was würde unseren Kunden helfen, sich an uns zu binden? Welche Social Media Plattform kann diese Schritt-für-Schritt Kommunikation fördern?

2. Wie gehen meine Konkurrenten das Thema an? Wie kann ich es besser machen als sie? Ist das eine Möglichkeit, eine einmalige Erfahrung für unsere Kunden zu schaffen?

3. Sind Kundenerfahrungen mit unserer Firma eher positive oder negative Herausforderungen? Kreieren wir damit neue Fans für unsere Marke oder eher „Terroristen" aufgrund der Art und Weise, wie wir mit Beschwerden umgehen?

4. Wie kann es sein, dass jeder Kundenkontakt potenziell eine Provokation ist? Wie kann ich dies ändern und ein positiv besetztes Erlebnis für den Kunden kreieren und somit eine tiefere, festere Bindung zu unserem Unternehmen aufzubauen?

KAPITEL 3

Die Social Media Denkweise

Jedes Mal, wenn uns eine neue Technologie zur Verfügung steht, haben wir die Angewohnheit, alte Sichtweisen und Erfahrungen auf diese Technologie zu übertragen.

Als man zum Beispiel damit anfing, Filme zu machen, beschränkte man sich zunächst auf die filmische Adaption von bekannten Theaterstücken. Man wusste einfach, wie diese "funktionierten".

Als das Radio populär wurde, holten die Radiomoderatoren bekannte Stars wie Jack Benny oder Milton Berle in die Show, sodass die Leute eine Unterhaltung im Radio genossen, die sie bereits von Live-Auftritten kannten und erwarteten.

Als ich in der Marketing-Branche anfing, hat man dem Webdeveloper geholfen, die erste Website für die Firma zu bauen. Und mit was half man? Genau, mit gedruckten Broschüren. Man hat einfach die Texte und Fotos der Broschüre genommen und daraus eine Webseite gebaut. Natürlich sind heute professionelle Webseiten weit von diesen Anfängen entfernt und müssen nun deutlich mehr bieten, als die simple Kopie einer Broschüre im digitalen Format. Jedoch haben wir bei Einführung der Neuen Medien genau das wieder gemacht, oder?

Und das gilt heute immer noch. Wir leben mit Rundfunkspots, Werbeblöcke im Fernsehen und einer Flut an PR-Artikel zu Firmen und Produkten; und genau das sind auch die Inhalte, die Firmen nun auf ihren Social Media Kanälen kommunizieren. Ihre Herangehensweise an das Social Net ist "A-ha! Noch ein Ort, um unsere Werbung und unsere Firmeninfos zu platzieren!"

Und genau diese Firmen scheitern regelmässig.

Um mit den vorhandenen Möglichkeiten in den Social Media Kanälen erfolgreich zu sein, müssen wir uns einer neuen Denkweise bedienen. **Die Denkweise der Social Media.**

Mit diesem Phänomen habe ich mich ausführlich in *The Tao of Twitter* beschäftigt, aber der Ansatz kann auf alle Social Media Kanäle angewendet werden.

Wenn Sie bereits ein Fan von *The Tao of Twitter* sind, dann haben Sie meine Erlaubnis dieses Kapitel nur flüchtig zu lesen; wenn nicht, dann bitte ich Sie um Ihre geschätzte Aufmerksamkeit für dieses überaus wichtige Kapitel.

Hinter jeder erfolgreichen Social-Media-Casestudy, hinter jeder Erfolgsgeschichte, werden sie immer diese drei Elemente finden:

Gezielte Verbindungen

+

Aussagekräftige Inhalte

+

Echte Hilfestellungen

=

Firmenvorteile

Lassen Sie uns nun eine Reise nach Wales unternehmen.

Um Ihnen die Denkweise der Social Media zu erklären, verlasse ich mich gerne auf meinen Freund Tony Dowling, einen Geschäftsmann aus Wales, UK, den ich im Internet kennengelernt habe.

Tony ist eine anerkannte und erfolgreiche Führungskraft in der englischen Medienindustrie. Ihm war klar, dass er, um im digitalen Zeitalter wirklich erfolgreich zu sein, Social Media perfekt verstehen, anwenden und beherrschen musste. Obwohl er vielleicht mehr als jeder andere die Welt der traditionellen Medien kannte, begann er schnell, die neue Denkweise der Social Media zu schätzen.

Als er sich mir in einer E-Mail vorstellte, hatte er Folgendes zu diesem Thema zu sagen:

> "Ich habe The Tao of Twitter gelesen und ich war sofort inspiriert. Ich als Mediaschaffender versuche stets gleichzuziehen mit den Entwicklungen in der Medienwelt, der Werbung und der Kommunikation. Dabei verlasse ich mich gerne und häufig auf Bücher wie Tao, aber noch nie war ich so schnell von einem Buch gefesselt gewesen wie von diesem.
>
> Ich hatte sofort das Gefühl, von der Muse geküsst zu sein – ein reales, physisches Gefühl – als ich zu dem Buchteil kam, in dem es um die ehrliche Hilfe ging. Ich habe mich daraufhin entschieden, zu versuchen, diesen Weg einzuschlagen, aufzuhören zu verkaufen und selbstsüchtig zu sein und statt dessen Allen etwas zurückzugeben.

Also nahm ich mir vor, mit Social Media zu beginnen, einen Blog aufzubauen und das Buch als Leitfaden zu nutzen.

Ich entschied mich dazu, über das zu bloggen, wovon ich eine Ahnung habe und mein Wissen einfach so zu teilen. Mein Blog heisst tatsächlich Completely Free Marketing Advice. Mit viel Energie und Hingabe habe ich sehr schnell viele Inhalte geschrieben – quasi eine Kollektion meiner Gedanken über Verkauf, Werbung und Marketing. Und dann kamen wie von Zauberhand die Leser.

Durch die Nutzung bestimmter Techniken, die ich mir aus dem Buch abschaute, fing ich an, eine Leserschaft für den Blog zu bilden, in dem ich Twitter nutzte. Aus diesen Lesern wurde dann eine Gemeinschaft, die sich immer mehr in Diskussionen einbrachte.

Erst hatte ich das Gefühl, dass viele der Leute, die ich über diese Techniken kennengelernt habe, auf mich zukamen und um Hilfe baten. Später fingen sie an, andere zu ermutigen, unserer Gemeinschaft beizutreten. Und nach nur rund 24 Blogeinträgen hatte ich eine Gruppe von wiederkehrenden Leser und ca. 15 neue Leser, die dann eine Gemeinschaft um den Blog bildeten.

Mich überraschte am meisten, wie zutreffend die Vorhersagen im Buch waren bezüglich meiner persönlichen Entwicklungen in diesem Bereich.

Mit der Zeit wurden es immer mehr Leute, die meinen Blog kannten, über Twitter und natürlich auch Facebook. Und jetzt fangen die Leser tatsächlich an, sich untereinander zu vernetzten und sich gegenseitig zu helfen! Jeder nimmt teil. Die reale Hilfe breitet sich aus und Firmen profitieren davon.

Diejenigen, die den Blog verfolgen, werden langsam aber sicher eine echte Gemeinschaft. Eine wirkliche Gemeinschaft, die daran interessiert ist, sich gegenseitig zu helfen. Manche von ihnen sind meine Freunde geworden, andere haben mich echt gefordert und andere wiederum haben mich durch ihre eigenen Hilfestellungen inspiriert."

Tony und ich sind gute Freunde geworden, und wir haben in zahlreichen Projekten miteinander gearbeitet und Firmenkontakte aufgebaut. Lassen Sie uns doch einmal Tonys Geschichte analysieren und die drei essenziellen Elemente der Social-Media-Denkweise filtern.

Gezielte Verbindungen

Egal wie viel Arbeit, Zeit oder Aufopferung Sie in Marketing bzw. Social Media investieren, es wird nichts bringen, wenn Sie sich nicht mit Leuten vernetzen, die wirklich daran interessiert sind, wer Sie sind, und was Sie zu berichten haben.

Vielleicht erscheint Ihnen der Erfolg von Tony erst einmal etwas zufällig. Aber die Zeit war reif für ihn, da er sich systematisch mit den Leuten beschäftigt hat, die ihn gerne kennenlernen wollten- die etwas von ihm lernen und ihm helfen wollten.

Das ist der Stolperstein in den Social Medien, welcher viele Firmen am Erfolg hindert. Sie meinen, dass man Inhalte einfach entweder als Facebook-Post, als Tweet oder als Blog produzieren muss. Sie ignorieren aber dabei, dass hinter jeder Erfolgsgeschichte in den Social Media eine Content-Strategie *und* eine Netzwerk-Strategie steht.

Der zielstrebige systematische und kontinuierliche Aufbau eines relevanten Netzwerks ist essenziell für den Erfolg. Inhalte alleine können nicht bestehen, sie müssen von einem Netzwerk aufgenommen und transportiert werden - und mit den Inhalten muss noch viel mehr passieren. Die erfolgreiche Verbreitung von Inhalten bzw. Botschaften gelingt nur mit einer entsprechenden Netzwerkgrösse. Je mehr Follower oder Fans eine Firma hat, umso mehr Leute sehen die Botschaften und können diese dann auch teilen - um so wiederum weitere potenzielle Fans oder Kunden zu erreichen, die daraufhin auch Taten folgen lassen.

Bevor wir einen Schritt weiter gehen, möchte ich gerne etwas zu den Erwartungen an ein solches Publikum sagen. Normalerweise sind Kontakte in den Social Media eher schwach ausgeprägt und es ist schwer, die Leute dazu zu bewegen, tatsächlich etwas zu unternehmen und aktiv zu werden. Erinnern Sie sich daher: Unser langfristiges Ziel ist es, Verbindungen aufzubauen, Kundentreue und Austausch zu fördern. Der Fokus liegt jedoch auf *langfristig.*

Soziale Netzwerke sind effektiv, wenn es darum geht, ein Mitmach-Projekt zu stärken; natürlich indem man das Einstiegslevel sehr niedrig hält. Es bedarf keiner grossen Motivation oder Anstrengung, einen Like-Button zu drücken. Aber um tatsächliche Handlung auszulösen, ein Buch zu kaufen oder eine Spende zu tätigen – selbst wenn man von etwas inspiriert wurde – benötigt wesentlich mehr Einsatz.

Im New Yorker ist der Artikel *Small Change* erschienen, der überall wild diskutiert wurde. Malcom Gladwell hat dargelegt, dass die Save Darfur Coalition Facebook-Page mehr als 1,2 Millionen Mitglieder hat, die im Durchschnitt 9 Cents spenden. Die Darfur Charitiy hat 22´000 Facebook-Mitglieder, deren Mitglieder im Durchschnitt 35 Cents spenden. Help Save Darfur hat nur 2´800 Mitglieder, welche durchschnittlich 15 Cents spenden. Der Pressesprecher von Save Darfur Coalition hat kommentiert "Gewöhnlich bestimmen wir den Wert eines Spenders nicht aufgrund der Höhe seiner Spende. Das ist wichtig, um eine kritische Gruppe einzubinden. Die Spender informieren die Gemeinschaft, gehen zu Events und sind Volunteers. Das ist nichts, was sie auf ihrem Kontostand ablesen können; aber das ist ihr wahrer Wert."

Mit anderen Worten, Facebook-Aktionen haben Erfolg, wenn sie Leute dazu motivieren können, Dinge ausserhalb ihrer Komfortzone zu unternehmen. So gesehen, ist das Drücken des Like-Buttons auch schon eine Aktion, die helfen kann.

Diese komplexe Thematik hängt sicherlich von der Persönlichkeit, der Branche und dem Thema selbst ab. Was ich aber betonen möchte, ist, dass man als Geschäftsführer realistische Erwartungen haben muss an das, was tatsächlich durch ihre Social Media Fans und Aktionen erreicht werden kann. Sie sollten hellhörig werden, wenn Ihnen ein Berater grosse Erfolg in kurzer Zeit verspricht.

Bedeutsamer Inhalt

Stellen Sie sich ihre neuen Social Media Fans und Follower als kleine Atome vor, die beim Chemie-Test in einem Röhrchen schweben und ständig zusammenstossen- zufällig und ohne System. Offensichtlich ist, dass je mehr Atome in dem Röhrchen sind, die Chance auf solche „Zusammenstösse" oder Interaktionen steigt. Aber jede chemische Reaktion braucht einen Katalysator. In den Social Media ist dieser Katalysator *Content*.

Content (oder Inhalt) ist ein so wichtiger Erfolgsfaktor

im ökonomischen System des sozialen Netzes, dass wir ihn später in einem eigenen Kapitel noch einmal genauer betrachten werden. Jetzt schauen wir uns erst an, welche Rolle der Content in Tonys Geschichte gespielt hat.

Der eigentliche Anfang der Reise lag einige Zeit vor dem Erscheinen meines Buches zurück, nämlich als Tony mich "gefunden" hatte. Ich arbeitete hart daran, relevante Inhalte für meinen Blog zu erschaffen und hatte mir damit einen Platz in den "Best of" Listen erarbeitet. Wegen einer dieser Listen fing Tony an, mir auf Twitter zu folgen und schlussendlich auch meinen Blog zu lesen.

Meine Inhalte haben mir also geholfen, einen guten Ruf zu erarbeiten, der mich auf die „Best of" - Listen beförderte. Meine Tweets animierten Tony, meine ausführlichen Blog-Artikel zu lesen, und er wurde schliesslich Fan meines Blogs.

Meine Bloginhalte haben diese kleinen, alltäglichen Interaktionen ermöglicht, die es gebraucht hat, um eine grössere Interaktion auszulösen – Tony war daran interessiert, mein Buch zu kaufen. Durch das Buch wurde Tony *inspiriert*, eigenen Inhalte zu kreieren und erstellte einen eigenen, neuen Blog. Der wiederum hat eine komplett neue Leserschaft angezogen, die aus den Inhalten ihre ganz eigenen Informationen und Vorteile daraus zogen.

Ohne relevanten Inhalt (wie Benzin, das einen Verbrennungsmotor antreibt) wäre von alldem nichts passiert. Mehr dazu finden Sie in Kapitel 5.

Echte Hilfestellung

In der Regel nutzen Leute Facebook und YouTube, um sich eine "Ausszeit" vom Alltag zu gönnen. Sie möchte Familienfotos sehen, mit Freunden chatten, oder zum zehnten Mal ihr Lieblingsvideo anschauen. Voraussichtlich möchten sie nicht wirklich über die neuen Produkte oder Auszeichnungen ihres Unternehmens informiert werden.

Aber die Leute möchten mit Firmen und Einzelpersonen verbunden sein, die ihnen dabei helfen, Geld zu verdienen, Geld zu sparen, Probleme zu lösen, mehr Spass zu haben oder einen gesünderen Lebensstil zu führen. Tonys Erfolgsfaktor war seine Strategieentwicklung: weg vom Verkauf hin zur *Hilfestellung,* sowie seine Entscheidung, all sein Wissen über Business und Marketing *zu teilen.* Ich weiss, es klingt ein wenig eigenartig und auch unlogisch, aber es funktioniert tatsächlich.

Vor einigen Monaten hat mich ein Unternehmer kontaktiert, der eine Contentseite für hochklassigen bezahlten Content für KMU Ratschläge veröffentlichen wollte.

"Das wird der Ort sein, an dem man nur seine allerbesten Ideen offen legen kann" sagte er.

"Aber das mache ich doch schon auf meinem eigenen Blog" habe ich ihm erklärt "ich stelle alle meine Ideen kostenlos online."

"Nein nein, ich meine die allerbesten, jene die sie für Kunden zurückhalten" antwortete er.

"Sie verstehen mich nicht," antwortete ich ihm, " ich halte nichts zurück. Ich gebe tatsächlich ALLES preis."

"Aber wie verdienen Sie dann Geld?"

Alles zur Verfügung stellen

Ich kann nachvollziehen, dass dies etwas schwierig zu verstehen ist. Aber tatsächlich, es funktioniert und ich verdiene Geld, in dem ich einfach alles zur Verfügung stelle, was ich weiss.

Auf der rechten Seite meines Blogs finden Sie ein Thema "Kategorien", dort kann man 100 Blogposts nach Thema durchschauen. Zum Beispiel, unter der Kategorie "Blogging Best Practice" finden Sie mehr als 130 Einträge. Ich habe auch ein kostenloses E-Book über Bloggen veröffentlicht und zahlreiche Podcasts oder Webinars zum Thema Blogging erstellt... alles kostenlos.

In vielleicht zwei Stunden könnten Sie alles lernen, und jede Idee und jedes Konzept nachlesen, welches ich jemals zum Thema Blogging veröffentlicht habe. Aber dennoch bekomme ich jede Woche anrufe, dass mich jemand bezahlen möchte, um ihn im Bereich Blogging zu coachen. Ich gebe Social Media Workshops mit dem Thema Content für grosse Firmen wie AT&T, Johnson&Johnson and IBM. Ich halte ständig Reden zu diesem Thema. Und eine Vielzahl an Leuten kaufen das Buch *Born to Blog,* welches ich mit Stanford Smith geschrieben habe.

Aber Sinn macht das nicht, oder? Wie kann ich immer noch Geld damit verdienen, Leute zum Thema Blogging zu beraten, wenn ich alle Tipps und Geheimnis bereits preisgegeben habe?

Geschäftsbeziehungen beruhen auf Vertrauen. Das haben sie schon immer. Aber Jahrhunderte lang waren wir eingeschränkt durch die Zeit oder durch die geografische Lage. Wir haben nur denen vertraut, die wir tatsächlich kannten und das vermutlich auch nur in unserem kleinen Teil der bekannten Welt.

Das Social Net aber ist wirklich ein Geschenk für Firmen

auf der ganzen Welt. Zum ersten Mal in der Geschichte können wir Beziehungen zu Leuten aufbauen, die weit weg sind und können ihnen auch noch vertrauen... durch unsere Stimme, unsere Ansichten und Expertisen. Aber um das zu tun, müssen Sie hilfreichen Content selbstlos zur Verfügung stellen.

Obwohl ich alles kostenlos zur Verfügung stelle, sind Leute immer noch darauf erpicht, mich zu buchen, weil sie mir vertrauen und meine Meinung schätzen, und das wiederum tun sie wegen des Contents, den ich zur Verfügung stelle. Was für Inhalte könnten Sie einfach so zu Verfügung stellen?

- Castestudies

- Whitepapers

- eBooks

- Newletter

- Videos

- Präsentation

- Rezepte

- Geschichten

- Anleitungen

- Fotos

- Infografiken

- Podcasts

- Bewertungen

- Die Möglichkeiten sind endlos.

Als ich anfing, als Berater zu arbeiten, nahm ich alle Firmenaufträge an, die ich in einer bestimmten Region gewinnen konnte. Meine Firma entwickelte sich langsam und fing an zu wachsen—basierend auf meinem Blog. Und jetzt verbinde ich mich mit Leuten überall auf der Welt durch Social Media. Tatsächlich habe ich noch nie auch nur einen Cent in Werbung für meine eigene Firma investiert.

Anders gesagt, meine Firma ist NUR gewachsen, weil ich alles öffentlich und frei zugänglich gemacht habe!

Ich weiss, es klingt unlogisch, aber Grosszügigkeit in Bezug auf Ihre Ideen ist der Schlüssel zum eCommerce Erfolg. Sie kreieren damit nicht nur ein treues Publikum, sondern haben ungeahnte Möglichkeiten, Vertrauen aufzubauen, die über das normale Mass hinaus gehen.

Die Anwendung der Social Media Denkweise

Um die Geschichte von Tony Dowling zu beenden: Die Entscheidung, seine Inhalte kostenlos zur Verfügung zu stellen und Vertrauen aufzubauen, war in etwa wie der Anbau eines Jetantriebs an seine Firma. Täglich berichtete Tony mir von seinen Erfolgen, und ich empfahl ihm schliesslich (durch einen Tweet) eine Social Media Konferenz in Wales zu organisieren, um diese Gemeinschaft zusammmen zu bringen. "Das machen wir!" sagte er.

Innerhalb von 24 Stunden hatte er 10 Freiwillige an der Hand, einen Entwurf für den Ablauf und seinen ersten Sponsor. Nach weiteren drei Tagen hatte er eine Location, finanzielle Unterstützung von der Regierung in Wales und seinen ersten Gastreferenten – mich. Nichts in der Welt konnte mich davon abhalten, an der ersten *Tao of Twitter* -Konferenz teilzunehmen. Auf dieser Konferenz lernte ich neue Geschäftspartner kennen und konnte so folgende messbare Erfolge für meine Firma ableiten:

- Einen neuen festen Autor für meinen Blog

- Eine Verbindung mit einem einflussreichen Risiko-berater in Dublin

- Eine Einladung zum Referieren bei einer Konferenz in Ireland

- Eine Firma kaufte 1´200 Exemplare meines Buches Return on Influence

- Eine Einladung, um eine Rede vor einem einfluss-reichen europäischen Think Tank zu halten

- Einen Auftrag für einen Workshop bei der Bank of Ireland

- IBM engagierte mich, um eine Serie von Reden für ihre Angestellten in London zu halten

- Eine Einladung, um die Angestellten der Regierung von Wales zu schulen

Erinnern wir uns noch einmal, wie es begonnen hat. Tony ist mir auf Twitter gefolgt, weil ich hilfreiche In-halte kostenlos und vertrauenswürdig auf Twitter geteilt habe.

Glauben Sie, dass es zu irgendeinem Zeitpunkt die-ser Beziehung mein Ziel war, meine Dienste an Tony zu verkaufen? Ich hoffe, Sie beantworten die Frage mit "Nein" und falls Sie das getan haben, dann fangen Sie langsam an, die wirklich wichtigen Aspekte der Denkweise des "neuen Marketings" zu verstehen.

Es ist ein wenig nervenaufreibend, eingefahrene Gedankengänge von "verkaufen, verkaufen, verkaufen" nach "helfen, helfen, helfen" umzuleiten, aber es hilft wirklich.

Auf gewisse Art und Weise arbeiten Ihre tief verwurzelten Firmenziele wie Quartalsverkaufsziele gegen die Geduld, die Sie haben müssen, um Beziehungen aufzubauen, die Sie im Social-Media-Marketing brauchen.

Wir arbeiten in einer stets präsenten, in Echtzeit ablaufenden, globalen Welt in Bezug auf die Firmenkommunikation. Aber der Fokus sollte auf menschlichen Interaktionen liegen, die wiederum zu neuen Verbindungen führen. Verbindungen führen zu Bekanntheit. Bekanntheit führt zu Vertrauen. Vertrauen ist der ultimative Katalysator für unsere Firmenvorteile, und das war es schon immer.

Lassen Sie uns die Grundlage festigen, während wir uns dem vierten Element der Social Media-Strategie zuwenden: dem Ökosystem der Informationen.

Fragen, die eine Führungskraft berücksichtigen sollte

1. Wie kann unsere Firma systematisch und kontinuierlich eine Gemeinschaft mit relevanten Verbindungen fördern? Wissen wir, wo unsere Kunden heutzutage ihre Informationen herbekommen?

2. Wenn wir über die PR Mitteilungen hinaus denken - wie können wir nützliche Inhalte für unsere Kunden schaffen? Was haben wir bereits an Content, das wir wiederverwenden können für Facebook, Twitter, YouTube etc.?

3. Wie können wir hilfreicher für unsere Kunden sein? Können wir uns abheben von anderen, indem wir die Social Media nutzen, um unsere Kunden zu erreichen und ihnen zu helfen?

4. Welche Abteilung und welcher Teil der Firmenkultur könnte diese Veränderung fördern? Was hält uns zurück? Was ist meine Rolle, um diesen Erfolg vorzubereiten?

KAPITEL 4

Das Ökosystem der Informationen

Lassen Sie uns nun auf den bisher behandelten Punkten aufbauen:

- Für viele Menschen ersetzt Social Media traditionelle Medien hinsichtlich Bildung und Information, News, Unterhaltung, Trends und Produktneuheiten.

- Innerhalb des Marketing-Mix hat Social Media die Aufgabe, die Zielgruppen mit „menschlichen", regelmässigen, kleinen und manchmal auch provokativen Informationshäppchen zu versorgen, um die kontinuierliche Auseinandersetzung mit dem Produkt oder der Dienstleistung zu fördern und somit die Markentreue zu fördern.

- All das kann aber nur erreicht werden, wenn man sich eine *Social Media Denkweise* aneignet, die auf folgenden Elementen basiert: zielorientierte Beziehungen und sinnvolle Inhalte.

- Das vierte Konzept ist einfach. Wenn mehr und mehr Menschen Zeit im Social Net verbringen, wo sie nach Produkten und Dienstleistungen suchen, müssen Sie folglich dort auch präsent sein. Ihre Firma sollte regelmässig das Social Net mit spannenden Inhalten versorgen, welche die Zielgruppen auf Ihr Unternehmen aufmerksam machen - und möglichst auf Ihre Webseite (zurück-)führen. Obwohl die Besuche auf traditionelle Websites abnehmen, ändert sich nichts an der Wichtigkeit von Websitebesuchen, da darüber immer noch viele Geschäfte abgewickelt werden.

"Das Telefon abnehmen"

Heute ist Google die „Auskunft" im Internet. Geben Sie eine Frage ein und Sie erhalten eine sofortige Antwort. Wenn nun jemand „das Telefon abnimmt" und nach Ihren Produkten und Dienstleistungen fragt, wer nimmt ab? Ihr Konkurrent? Jemand, der einen Artikel über Ihre Firma geschrieben hat? Jemand, der Sie mag? Jemand, der sie hasst?

Nun, Sie würde hoffen, dass SIE abnehmen, richtig? Und damit das passiert, sollten Sie in den ersten drei Suchresultaten von Google erscheinen. Je nachdem, in welcher Branche Sie tätig sind, kann das extrem schwierig und kostenintensiv werden. Wenn Sie beispielsweise landesweit Smartphone-Zubehör verkaufen, dann befinden Sie sich in einem sehr kompetitiven und teuren Umfeld. Daher können Sie mit einer gut durchdachten Social-Media-Strategie und intelligent platziertem Inhalt in diesem Ökosystem, Ihre Markenbekanntheit steigern und neue Leads aus dem Web heraus generieren, ohne sich in grosse Kosten stürzen zu müssen.

Die Kunst des Suchmaschinenmarketings oder „SEO" ist sehr komplex, und wie Sie sich vorstellen können, sind die Investitionen hoch. Eine Multimilliardenindustrie ist in den letzten Jahren entstanden, welche nichts anders macht, als Suchresultate zu optimieren! Sich hier mit diesem Thema zu befassen, würde den Rahmen sprengen. Wenn sie mehr darüber erfahren möchten, dann empfehle ich Ihnen als Einstieg das Buch *Optimize* von Lee Odden.

Google „belohnt" Unternehmenwebsites, die für Ihre Kunden hilfreiche, organische und qualitativ hochwertige Inhalte anbieten mit einem entsprechendem Ranking.

Stellen Sie sich die Social Media-Plattformen wie

Facebook, Twitter und LinkedIn als einen Kreis um Ihre Webseite vor. Die Rolle der Webseite ist vergleichbar mit einer Metrostation. Menschen werden dorthin transportiert, wo Sie die Informationen über Ihre Firma finden, die sie suchen. Und wenn die Menschen uns zuerst im Social Net finden, dem äusseren Ring, dann müssen wir sie unter Umständen wieder zurück in die Mitte begleiten- zu unserer Webseite; auf der die Produkte zu finden und auch die Handlungsaufforderungen (Call-to-Action, abgekürzt: CTA) sichtbar platziert sind.

Wie beginnen wir?

Eine sehr einfache und effektive Methode, um herauszufinden, welche Fragen Ihre Kunden zu Ihren Produkten, Dienstleistungen, Standorte, Vorteilen oder generell zu Ihrer Firma haben ist: diese Fragen selbst zu beantworten. Dadurch steigt die Wahrscheinlichkeit, dass, wenn User nach einer spezifischen Antwort suchen, diese Ihre Firma finden.

Konsistenter, hilfreicher Inhalt, der diese Fragen beantwortet, kann in Form eines Blogs, eines Beitrages, eines „Post", eines Videos, einer Fallstudie, etc. angeboten werden. Wir werden im nächsten Kapitel detaillierter auf das Thema *Content-Strategie* eingehen.

"Content Marketing"

Eines der aktuellen Schlagwörter ist *Content-Marketing*. Was genau ist damit gemeint? Content Marketing bezieht sich nicht nur auf die Art der Inhalte oder Informationen, welche der Kunde benötigen könnte, sondern auch auf den Zeitpunkt, zu dem diese Informationen angeboten werden. Es gibt verschiedene Arten von Content für die unterschiedlichsten Käufertypen, Märkte und geografischen Regionen.

Das scheint auf den ersten Blick kompliziert, aber es gibt dazu eine einfache Vorgehensweise, um unterschiedliche Inhalte für Ihre Firma zu entwickeln. Nehmen Sie alle Fragen, welche Sie im vorhergehenden Kapitel beantwortet haben und zeichnen sie diese in Abhängigkeit zu Ihrem *Sales Funnel* (Verkaufstrichter) auf. Fragen Sie sich bei der Beantwortung dieser Fragen immer, welche davon Ihren Kunden im Kaufprozess unterstützen. Was ist, wenn die Kunden Sie mit der Konkurrenz vergleichen? Haben Sie passende Antworten, welche potenzielle Kunden dazu bringen, die Wahl zu Ihren Gunsten zu fällen?

Wenn Sie den Kunden an der Angel haben: Welchen Content haben Sie dann zur Hand, um dessen Treue gegenüber Ihrer Firma zu erhöhen? Welche Inhalte stellen Sie zur Verfügung, um dessen Fragen zu Ihren Dienstleistungen zu beantworten oder aufzuzeigen, wie

Ihre Produkte und Services am besten genutzt werden können? Haben Sie Content, um die Treue Ihrer besten Kunden zu honorieren?

Das ist die Grundidee von Content Marketing – binden Sie Ihre Kunden mit hilfreichem Content von Beginn des Kaufprozesses an.

Ein Content-Marketing Fallbeispiel

Lassen Sie uns den Fall eines KMU anschauen, mit welchem ich eine effektive Content-Marketing-Strategie umsetzen konnte. Ich mag dieses Fallbeispiel besonders, da es aufzeigt, wie man mit den hier bisher aufgezeigten Konzepten auch schwierigste Marketingfälle erfolgreich lösen kann.

Es galt, bei der Strategieumsetzung, verschiedene Herausforderungen zu lösen: Eine erste Schwierigkeit bestand darin, dass diese Firma (eine medizinische Klinik) in einem stark regulierten Umfeld tätig war und man die Patientendatensicherheitsrichtlinien strikt zu befolgen hatte. Ein weiteres Problem bestand darin, dass diese Klinik Schönheitsoperationen anbot - ein Thema, über welches die Patienten ungern auf einer Facebook-Seite sprechen. Und ein drittes Problem war, dass das wirtschaftliche Klima zu dieser Zeit schwierig, und es

deshalb umso herausfordernder war, in einem hart um-
kämpften Markt teure Schönheitsoperationen an den
Mann, beziehungsweise an die Frau zu bringen.

Um die richtige Lösung zu finden, setzte ich mich mit
Lisa Reath, der Klinikleiterin, zusammen. Lisa nahm in
der Vergangenheit an einer meiner Social-Media-Schul-
ungen teil und war begeistert von den neuen Möglichkeiten, welche die sozialen Medien boten. „Ich realisierte,
dass ich aufhören musste, andauernd nur zu *verkaufen,*
sondern einfach nur *hilfreich* und *online verfügbar* sein
musste", sagte sie. „Dieser Blickwinkel war für mich und
die Firma neu. Wir entschieden uns, Content zu produzieren, der zugleich authentisch und hilfreich ist".

Das erste, was die Firma tat, war über all die Fragen
nachzudenken, welche Ihre Kunden bezüglich der Dienstleistungen stellen könnten. Neben zusätzlichen
Blogging-Aktivitäten zu diesen Themen (welche bei der
Suchmaschinenoptimierung hilfreich waren), stellte
Lisa auf Facebook jeden Mittwoch eine Frage in Form
einer Umfrage auf Facebook ein. Freitags dann, beant-
wortete ein Arzt diese Frage in einem einfachen Video,
das auf Facebook, YouTube und Twitter veröffentlicht
wurde. Mit Hilfe dieses Frage-Antwort-Spiels war die
Klinik in der Lage, mit einem Content-Angebot vier verschiedene Bereiche des Informations-Ökosystems mit
Inhalten zu beliefern: Firmenblog, die Facebook-Page,

Ihren YouTube-Kanal und ihren Twitter-Feed. Der qualitative Content des Videos war der Motor Ihrer gesamten Social Media-Strategie.

„Trotz der hohen Hürden bezüglich Privatsphäre im Bereich von Schönheitsoperationen hatten wir einen erstaunlich grossen Erfolg mit Facebook", sagte Lisa. „Das Frage-Antwortspiel, welches wir wöchentlich spielten, trug erheblich zum Erfolg bei. Wir konnten uns damit als kompetente Autorität positionieren und viele Missverständnisse in Bezug auf das Thema *Schönheitsoperationen* ausräumen".

Jede Woche, nachdem Dr. Reath die Frage beantwortet hatte, wurde nach dem Zufallsprinzip ein Gewinner aus allem Teilnehmern des Frage-Antwortspiels ermittelt und über ein kurzes YouTube-Video verkündet. Es gab Preise wie Geschenkkarten, Hautpflegeprodukte und Spenden an Brustkrebsorganisationen. Um Ihre Preise abzuholen, mussten die Gewinner in die Klinik kommen, was wiederum neue Laufkundschaft brachte und die Möglichkeit gab, Ihre Fans persönlich kennenzulernen.

Es brauchte ein paar Monate, bis diese Content-Strategie einschlug, aber die Erfolge liessen jeden Kritiker verstummen. Die eingeschlagene Strategie erwies sich sogar als so erfolgreich, dass regelmässig intern darüber diskutiert wurde, welchen zusätzlichen Inhalt man produzieren könnte, um das Informations-Ökosystem noch mehr zu füttern. Ein Weg war die Produktion eines hochqualitativen E-Books, welches sich vor allem an die User richtete, welche zwar die Content-Aktivitäten verfolgten, aber nicht am Frage- und Antwortspiel mitmachten.

„Ich denke, unsere erfolgreichste Marketingmassnahme ist das 33-seitige Buch *Girlfriend's Guide to Breast Augmentation,* sagte Lisa. "Es wurde kreiert, um es online oder auf dem iPad zu lesen, um es kostenlos herunterzuladen und weiter zu versenden."

„Unsere Idee war es, den Patienten frei verfügbare Informationen zum Thema Brustvergrösserungen zur Verfügung zu stellen, die hilfreich, aber nicht einfach auffindbar im Netz sind. Die Kapitel sind gleichzeitig informativ und unterhaltend. Wir fokussierten uns damit weniger darauf, dem Kunden direkt etwas verkaufen zu wollen, sondern versorgten die Leute mit spannenden Informationen, die sie indirekt zu uns brachten."

Das E-Book wurde so bekannt, dass sogar andere medizinische Praxen es kauften und ihren eigenen Patienten weitergaben.

Werfen wir nun einen Blick auf die Ergebnisse. Nach einem guten Jahr der konsequenten Veröffentlichung von qualitativem Content konnten folgende Ergebnisse erzielt werden:

- Die Klinik konnte die sinkenden Umsätze stoppen und trotz der schweren Wirtschaftslage Ihre Umsätze um 19 % steigern.

- Die Konversionsrate von Klinikbesuchern, die auch eine Dienstleistung in Anspruch nahmen, stieg von 55 % auf 70 %, weil „die Patienten das Gefühl hatten, uns bereits zu kennen und bereitwilliger als zuvor waren, einen Termin auszumachen".

- Die Klinik hatte 2'082 Facebook Fans mit mehr als 200 aktiven Gewinnspielteilnehmern.

- Ca. 10'000 Downloads des oben erwähnten E-Books.

- Eine 110 % Steigerung der Verweise von Facebook auf die Website des Unternehmens

- Eine Top-Positionierung aller Suchmaschinenbegriffe – ohne Investitionen in SEO.

Nicht nur die erzielten Suchmaschinenerfolge konnten den Bekanntheitsgrad innerhalb der Zielregion erhöhen, sondern es konnten auch viele Neukunden aus anderen Regionen geworben werden. Diese Kunden „riefen die

Auskunft" an und Lisa's Klinik „nahm das Telefon ab".

All die hier dargelegten Grundsätze können auf fast alle Geschäftsfelder angewendet werden. Wie wir gesehen haben, ist der Content der wichtigste Erfolgsfaktor. Lassen Sie uns darauf im nächsten Kapitel näher eingehen.

Fragen, die Führungskräfte berücksichtigen sollten

1. Welche Social Media-Plattformen sollten Bestandteil unseres „Informations-Ökosystem" sein?

2. Auf welche dieser Social Media-Plattformen sollten wir unsere Kräfte primär fokussieren? Haben wir die entsprechenden Kompetenzen und Ressourcen, um dies erfolgreich zu tun?

3. Welche Messgrössen sollten wir nutzen, um herauszufinden, ob wir mit unseren Kunden über die von uns eingesetzten Social Media-Kanäle richtig kommunizieren?

4. Gehen wir davon aus, dass die in unserem Informations-Ökosystem verwendeten Social Media-Plattformen sich mit der Zeit ändern werden? Wenn, ja wie und wann reagieren wir darauf?

KAPITEL 5

Content als Beschleuniger

Wäre das Social Net ein lebender Organismus, dann wäre der Content die Luft, die es zum Atmen braucht.

Der Content war in den letzten vier Kapiteln dieses Buches ein Dauerthema und trotzdem gibt es noch viel zu lernen, wenn man den Kern einer Social Media-Strategie verstehen will. Content ist nicht nur einer von vielen Marketingbudget-Posten. Content revolutioniert die Art und Weise, wie wir über Macht und Einfluss in der Geschäftswelt denken.

Content bedeutet Macht

In unserer heutigen Welt gibt es verschiedene Wege, um Macht zu erlangen. Sie haben eine entsprechende Position in einem Organigramm. Sie haben einen Abschluss einer renommierten Universität. Oder Sie sind z. B. Polizist und erhalten durch diese Position entsprechende Machtbefugnisse.

Im Internet funktioniert der Machterwerb anders. Denn es interessiert niemanden, auf welche Schule Sie gegangen sind, wie viel Geld Sie haben, wie Sie aussehen und welches Auto Sie fahren. Wie erwirbt man nun aber Macht in einem solchen System, in dem niemand den andern kennt? Was ist das Erfolgsgeheimnis derjenigen, die es im Internet zu einer machtvollen Position bringen?

Schauen wir uns zwei technologische Entwicklungen an, die parallel entstanden sind:

Zum einen die immer grösser werdende Bandbreite und Internetgeschwindigkeit, zum anderen die Verbreitung kostenloser Publishing-Tools wie Twitter, Facebook und Blogs. Diese Entwicklungen haben es möglich gemacht, dass Jedermann schnell und einfach in seinem Netzwerk und weit darüber hinaus Content verbreiten kann.

In meinem Buch *Return On Influence* gehe ich dieser Entwicklung nach. Ich möchte hier nochmals kurz auf die wichtigsten Punkte eingehen:

Im Internet erlangen Sie vor allem Macht durch Ihre Position als Beeinflusser (= Influencer). Dabei ist es irrelevant, ob Sie eine Person, eine Firma oder eine Marke sind. Wenn Sie den grundlegenden Strategien dieses Buches folgen, dann haben Sie die Möglichkeit, eine Autorität auf Ihrem Gebiet zu werden, über welche Sie eine zuvor nie erreichbare Reichweite erzeugen können. Und das zu sehr niedrigen Kosten.

Ich habe dies persönlich erlebt: Vor ein paar Jahren schrieb ich einen Blogeintrag, der schlussendlich in der *New York Times, The London Daily Mail,* und in den *CBS Morning News* erschien. Wäre das vor 5 oder 6 Jahren möglich gewesen? Wohl kaum. Und was hätte mich diese Werbung wohl damals gekostet?

Nicht jeder Content wird gleich erstellt

Lassen Sie mich drei Vorteile dieses Blogeintrags aufführen:

- Der Content verbreitete sich viral im Netz und zog tausende neue Besucher auf meine Webseite (und meine Firma).

- Die Kommentare auf meinen Blogeintrag gaben mir viele neue Inputs und halfen mir bei der Idee für etwas grösseres – einem Buch.

- Dadurch, dass der Blogeintrag so oft geteilt und weitergeleitet wurde, verbesserten sich meine Google Suchmaschinenresultate. Was wiederum die Aufmerksamkeit eines Journalisten einer bekannten Zeitung nach sich zog, durch den ich dann wiederum Millionen von Seitenaufrufen aus aller Welt erhielt. Dies wirkte sich sehr positiv auf meine Marke aus.

Nun muss man sich eine wichtige Frage stellen: Wäre so ein Erfolg auch über einen einfachen Facebook-Eintrag, einen Twitter Tweet oder ein LinkedIn Update möglich gewesen? Sicher nicht. Nur gehaltvoller Content kann eine solche Aufmerksamkeit auf sich ziehen, auch wenn nicht bei jedem hervorragenden Blogeintrag die Garantie gegeben ist, dass diesem das gleiche glückliche Schicksal widerfährt.

Eine Aussage, die Sie immer wieder hören werden: „Content is king".

Das mag richtig sein, gilt aber nicht für *jeden* Content. Ein Link, ein lustiges Foto, ein berühmtes Zitat, ein Rezept oder Gutschein sind alles anerkannte Arten von Content, aber sie werden nicht Ihre Social Media-Präsenz optimieren und Ihnen nachhaltige Resultate liefern. Um wirklich Erfolg zu haben, brauchen Sie mindestens eine Quelle gehaltvollen Contents und höchstwahrscheinlich haben

Sie nur 3 mögliche Optionen dazu:

- Content in Form eines Blogs

- Audioinhalte in Form eines Podcasts

- Eine Video Serie

Nur informativer, hilfreicher und dialogorientierter Content aus mindestens einer dieser Quellen wird Ihnen den nötigen Stoff geben, um eine überzeugende Story innerhalb Ihrer Social Media-Strategie zu bauen.

Es gibt natürlich auch weitere zusätzliche Quellen – fesselnde visuelle Inhalte, Slideshare Präsentationen oder vielleicht auch eine spannende Pinterest Seite – aber keine Quelle hat einen so guten Zugang zu Firmen wie Blogs, Podcasts und Videos.

Wenn Sie einmal die Entscheidung getroffen haben, damit zu beginnen, dann werden Sie DEN Content zur Verfügung haben, mit dem Sie Ihre Social Media-Plattform auch immer versorgen können. Den Inhalt wählen Sie! Er sollte leicht teilbar sein, das Zeug dazu haben Diskussionen auszulösen und an die Bedürfnisse sozialer Plattformen wie Facebook, Twitter, LinkedIn, XING usw. angepasst sein.

Woher bekommen Sie nun reichhaltigen, guten Content?

Content und der Einfluss von Mundpropaganda

Eine weitere Gelegenheit die Content-Marketing mit sich bringt, ist die Möglichkeit, einflussreiche Meinungs-macher ausfindig zu machen, die Ihre Marke oder Ihre Botschaft über Ihren eigenen Content empfehlen. Es ist bekannt, dass gewisse Meinungsmacher Ihnen dabei helfen können, Ihre Marke oder Firma bekannter werden zu lassen. Aber es war bisher schwierig und teuer, solche Personen zu finden. All das hat sich stark verändert.

Heutzutage ermöglichen es komplexe mathematische Algorithmen zu jedem nur erdenklichen Thema, den entsprechenden Content ausfindig zu machen und rauszufinden, durch wen dieser kreiert, verbreitet und geteilt wird. Mit andern Worten: Wir können sehr ein-fach geeignete Personen identifizieren, die uns dabei helfen, um unsere Produkte herum einen Online-„Buzz" zu erzeugen.

Wie ich in einem Beispiel in meinem Buch *Return On Influence* beschrieb, nahm Turner Broadcasting (TBS) die Hilfe der Firma "Klout" in Anspruch, um im Web Meinungsmacher aus den Themenbereichen "Science-

Fiction" und "TV" ausfindig zu machen, um Ihre neue TV-Serie "Falling Skies" zu lancieren. Dieses Vorgehen ermöglichte es der TV-Station, Personen ausfindig zu machen und sich mit ihnen zu verbinden, bei denen die Wahrscheinlichkeit gross war, dass sie die neue Serie mögen würden.

Die ganze Staffel hindurch versorgte TBS diese Fangruppe mit verschiedenen Anreizen, damit sich die jeweiligen Meinungsmacher einzigartig, wichtig und entsprechend belohnt fühlten und sich so das Interesse und die Serientreue festigte. Die dadurch erzielten Resultate waren beeindruckend. Gegen Ende der Staffel wurden rund 60% des gesamten Contents zu dieser Serie direkt oder indirekt durch diese kleine Gruppe von Enthusiasten generiert. Deren Arbeit ermöglichte eine höhere Markenwahrnehmung der Serie und gleichzeitig höhere Werbeeinnahmen.

Dabei ereignete sich etwas Interessantes: Diese Gruppe von Meinungsmachern begann, sich als Gemeinschaft wahrzunehmen, und gründeten eine eigene Gruppe zur Serie. Sie wurden Freunde und formten eine emotionale Bindung zur Fernsehserie. Am Ende der Staffel wollten sie von TBS wissen, wie sie über die Sommerpause den „Buzz" um die Serie aufrechterhalten könnten.

Einer der Pioniere im Bereich des Beeinflusser-Mar-

ketings ist Azeem Azhar, welcher eine der ersten Beein-
flusser-Marketingplattformen gründete.

„Die Art und Weise wie man Einfluss erhielt, war klar, einfach und dysfunktional", meinte Azeem. „Man ging auf
die richtige Universität, nahm den richtigen Job an, ging
zum richtigen Verlag oder richtiger Investmentbank...
und schon hatte man den entsprechenden Einfluss."

„Aber das ist nicht wirklich Einfluss", sagt Azeem. "Das ist
Hürdenlauf. Man springt über die Hürde einer Uniprü-
fung, Einstellungs- und Beförderungsgespräche, isst mit
einflussreichen Journalisten oder Investmentbankern
etc. - in der Hoffnung, dass man durch diese eine gewünschte Position erhält. Das war die Art und Weise, wie man
früher auf sich aufmerksam gemacht hat."

„Aber wir fanden heraus, dass es im Sozialen Web sehr
smarte Leute gibt, die jedoch schwierig zu finden war-
en, da es keine klaren Datenstrukturen und Vorgehensweisen gab. Unsere Nachforschungen zeigten Wege auf,
Interessen und Verhaltensweisen genau dieser Leute zu
erfassen und herauszufinden, welche Themen sie interessieren und wie gross ihr Einfluss auf diese Themen ist."

Eine gute Analogie dazu ist die Messung der persönlichen Kreditfähigkeit. Ein Kreditvergabeunternehmen
schaut sich alle Ihre finanziellen Aktivitäten der letzten

5 oder 10 Jahre an und errechnet daraus eine Zahl. Nun kann die kreditvergebende Person diese detaillierten Informationen nutzen und verwerten oder sie nimmt einfach diese Zahl, wenn eine schnelle Entscheidung von Nöten ist. Eine solche Zahl nutzen wir, um die Höhe des Einflusses einer Person zu einem bestimmten Thema zu definieren. Die Grundidee, dass Einfluss für Geschäfte genutzt werden kann, ist alt, aber was die Forschung über die Messung dieses Einflusses betrifft, so stehen wir noch ganz am Anfang.

Das Wettrennen um den besten Content

Es gibt da draussen unzählige Manager und Unternehmer, die dabei sind, herauszufinden, wie sie sich Social Media zunutze machen können. Sie gelangen dabei alle zur gleichen Erkenntnis: Wir müssen verstärkt Content-Marketing betreiben.

Um heutzutage im Social Web erfolgreich zu sein, muss man regelmässig qualitativen, relevanten und unterhaltenden Content liefern - und das ist nicht günstig. Denn die Informationsdichte im Web steigt von Tag zu Tag- so auch die Content-Produktionskosten. Denken Sie ja nicht, dass Social Media-Marketing kostenlos ist.

Es ist sogar so, dass die Zeit im Social Net gegen Sie

läuft. Denn die Menge an produziertem Content steigt unaufhaltsam; sodass wir nun verschiedenen Herausforderungen gegenüberstehen. Lassen Sie uns zwei näher anschauen:

1. **Die Menge an Informationen steigt stetig an.** Ich sah kürzlich eine Infografik, die aufzeigte, dass die Menge der in den letzten zwei Jahren produzierten Informationen der Informationsmenge der ganzen aufgezeichneten Menschheitsgeschichte entsprach. Wir befinden uns in einer permanenten Informationsüberproduktion und es wird von Jahr zu Jahr schlimmer.

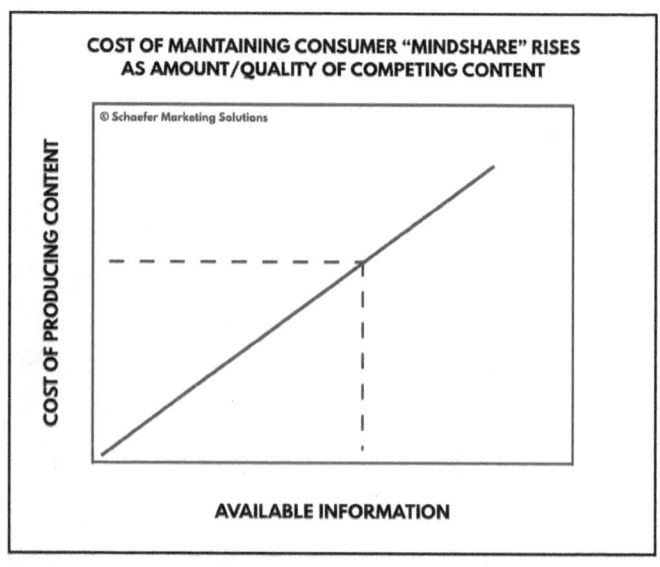

COST OF MAINTAINING CONSUMER "MINDSHARE" RISES AS AMOUNT/QUALITY OF COMPETING CONTENT

© Schaefer Marketing Solutions

COST OF PRODUCING CONTENT

AVAILABLE INFORMATION

2. **Unsere Verarbeitungsfähigkeit bleibt immer die gleiche.** Unser Gehirn wurde dafür geschaffen, Gefahren, Grundbedürfnisse und verbale Kommunikation zu verarbeiten. Unser Gehirn ist nicht auf diese ungeheure Informationsmenge getrimmt und wir sind (noch) nicht fähig, schneller Informationen zu verarbeiten.

Was passiert in der physischen Welt bei einer derartigen Überlastung? Die Zugangsleitungen platzen oder die IT-Server brechen zusammen.

Dieser Zustand stellt nun ein Dilemma für Sie und mich dar. Wie können wir unsere Marketingbotschaften in diesem Informationsgewitter an die Frau oder den Mann bringen - ohne eine Überlastung zu provozieren? Das ist ein Thema, auf welches ich in meinem Buch The Content Code intensiv eingehe. Hier schon einmal die wichtigsten Konzepte:

Wie erhalte ich Beachtung für meinen Content?

Wie können Sie nun erfolgreich innerhalb dieses „Content-Tsunamis" um die Aufmerksamkeit Ihrer Kunden buhlen? Es gibt hierzu folgende Strategien:

1. **Erhalten Sie mehr Beachtung über immer aufseh-
   enerregenderen Content.** Bieten Sie Ihren Zielgruppen ausgezeichneten Content an, mit dem
   sie diese über eine lange Zeitspanne an der Leine
   halten können. Aber die Kosten für die Produktion
   eines solchen Contents sind exorbitant hoch. Firmen, welche diesen Weg trotzdem wählen, werden
   bald einsehen, dass auch Kundenbindung eine Ko-
   stenobergrenze hat.

2. **Häppchenweise Präsentation der Inhalte fördert
   die Aufmerksamkeit.** Wenn die Kosten zum Un-
   terhalt dieser Aufmerksamkeit unaufhaltsam stei-
   gen (und das werden sie), so wäre ein anderer Weg,
   den gleichen Content in einer Weise zu publizieren, über die er schneller konsumierbar ist. Dieses
   Vorgehen erklärt auch den unglaublichen Anstieg
   der Content-Inhalte wie Infografiken und visuell-
   orientierte Angebote wie Pinterest und Instagram.

   Die User müssen nicht lesen. Sie nehmen die Informationen schnell durch Bilder auf und gehen zum nächsten Thema innerhalb der Pipeline.
   Ich bin überzeugt, wir sind erst am Anfang dieser
   Entwicklung.

3. **Vertrieb und Werbung.** Heute benötigen die
   meisten Social Media-Strategien Unterstützung

durch bezahlte Werbung. Einen Facebook-Post zu bewerben wäre ein solches Beispiel.

4. **Infiltrieren Sie Ihre Botschaft in fremden Content.** Dieses Vorgehen ist wie ein Trojanisches Pferd: Wenn ein Kunde den Content von jemandem anderem liest, dann wird er auch Ihren lesen. Die Idee dahinter ist, dass Sie jemanden anders die Kosten der Aufrechterhaltung der Aufmerksamkeit tragen lassen und Sie sich an ihn heften. Beispiele sind:

- Gastbeiträge auf bekannten Websites

- Kontaktaufnahme mit Meinungsmachern— Unterhalten Sie Beziehungen mit einflussreichen Meinungsmachern, die bereit sind, Ihren Content zu teilen und zu promoten.

- Werden Sie zur Autorität in Ihrem Fachgebiet, damit die Presse mit Ihnen in Kontakt tritt und mehr wissen möchte.

- PR — Gelegenheiten finden, um Ihren Content in grossen „Pipelines" zu platzieren.

- PubliReportagen sind eine Methode, kommerzielle Botschaften in redaktionelle Inhalte einzubauen.

Ich bin überzeugt, dass eine langfristig, erfolgreiche Social Media-Marketingstrategie neben einer aggressiven Netzwerkaufbau-Strategie mindestens einen Teil der oben aufgeführten Vorgehensweisen beinhalten muss.

Wenn Sie es bis hierin geschafft haben - vielen Dank! Zusammen haben wir nun den Teil über die Grundlagen einer Social Media-Strategie abgeschlossen.

Fragen, die Führungskräfte berücksichtigen sollten

1. Welche Content-Quellen haben wir, um Inhalte in den Social Media erfolgreich einsetzen können?

2. Wie verwenden unsere Konkurrenten Content im Internet? Ist mein Themenbereich bereits gesättigt?

3. In welchen Social Media Kanälen haben wir den meisten Content? Welchen Social Media Kanal wählen wir für unsere Firma? Ein Blog? Ein Video? Ein Podcast? Etwas Anderes?

4. Wie würde eine Content Marketing-Strategie unsere aktuellen Ressourcen beeinflussen und wie müssten wir darauf reagieren?

ABSCHNITT 2

Die 5 schwierigsten Fragen, denen Sie sich stellen müssen?

KAPITEL 6

Was ist der Wert von Social Media und wie kann ich diesen messen?

Diese oder ähnliche Fragen beantworte ich regelmässig in meinem Unterricht oder in den Workshops: *"Was ist die Investitionsrendite von Social Media?"* Die Antwort ist nicht sonderlich komplex, aber um sie zu verstehen, bedarf es eines Verständnisses von dem, was realistisch und möglich ist.

Um die Frage hier gründlich zu beantworten, brechen wir die Antwort herunter und starten nun mit der einfachsten Grundvoraussetzung...

Man muss seine Daten erheben.

Als ich auf der *Social Media Week* in New York City einen Vortrag gehalten habe, hat ein anderer Referent gesagt "Das Gerede um die Rendite ist alles nur Quatsch. Ich kann es echt nicht mehr hören. Man kann nicht messen, was man da tut und die Leute sollten es einfach bleiben lassen."

Diese Aussage machte mich etwas nervös.

Als dann ein zweiter Referent seine Zustimmung hierzu zum Ausdruck brachte, und meinte, man würde sowieso zu viel Energie in Messungen investieren, bekam ich richtig Kopfschmerzen.

"Als Social Media Marketer kann ich nicht messen, was ich tue, sondern ich tue es einfach." war dann der Input vom Moderator. Und das war der Punkt, an dem ich nicht mehr an mich halten konnte.

"Ohne jemandem hier vor den Kopf stossen zu wollen; ich bin nicht damit einverstanden, was hier gerade gesagt wurde. Als Marketer sollten wir ALLES messen. Und das geht natürlich auch."

Und da startete sie, die brodelnde Diskussion. Faktisch handelt es sich dabei nur um das Vorzeigen von Vorurteilen, die von Beratern am Leben gehalten werden.

Bei mir läuten die Alarmglocken, wenn mir ein Berater

oder ein Mitarbeiter weissmachen will, dass man Social Media Aktionen nicht messen muss. Das ist der Punkt, an dem ich mich höflich entschuldige und ihnen den Weg zur Tür zeige.

Hier sind nun 4 Gründe, warum Sie unbedingt die Ergebnisse der Firmenaktivitäten in den Social Media messen sollten:

1. Es gibt einen implizierten Wert für alles. Ab einem bestimmten Punkt im Leben eines jeden Unternehmens wird es zu einer finanziellen Notwendigkeit, Kosten zu senken. Blasen platzen immer; zumindest in der freien Wirtschaft. Wenn dies geschieht, wird alles aus Sicht des Controllings bewertet und die Frage gestellt: „Können wir da einsparen?"

Und so kommen Sie in die Situation, argumentativ zu begründen, weshalb Social Media eben diesen bedeutenden Stellenwert im Marketingmix Ihres Unternehmens hat. Es gibt Bereiche oder Prozesse in einer Firma, die sich nicht in einer einfachen Excel-Tabelle abbilden und beurteilen lassen. Aber es gibt immer Möglichkeiten, Messungen durchzuführen; mal komplizierter mal weniger kompliziert. Und deshalb müssen Sie in Ihrer Argumentation beweisen, dass Ihre Marketingaktivitäten einen echten Mehrwert für die Firma darstellen. Dafür sollten Sie starke Argumente haben und vor allem Zahlen vorweisen können. "Unser Berater hat uns erklärt, dass man das nicht messen muss" wird in einer solchen Situation als Argumentation wohl kaum ausreichen.

2. Wenn wir Personal aufstocken, muss diese Massnahme gerechtfertigt sein. Jede wirtschaftliche Aktivität in einer Firma muss entweder direkt oder indirekt zum Wert der Firma beitragen oder sie wird „eingestampft".

Lassen Sie uns das mal im Hinblick auf Social Media durchspielen. Gehen wir davon aus, dass wir eine Vollzeitstelle im Bereich Social Media Marketing haben. Diese Person verdient $60´000.-. Dazu kommen weitere Kosten für Versicherungen, Altersvorsorge und andere Benefits die ca. 50% vom Verdienst ausmachen, also noch einmal $30´000. Dann nehmen wir noch weitere 20% vom Verdienst an, welche für die Infrastruktur, sprich Arbeitsplatz, Personalbetreuung, Computer etc. draufgehen. Das sind zusätzlich $12´000. Zur Vereinfachung beziehen wir in das Beispiel Reisekosten, Trainingskosten oder Bonuszahlungen nicht mit ein.

Unsere Gesamtsumme für diesen Social Media Fachmann beträgt also $102´000. Sind Sie als Geschäftsführer oder Firmeninhaber gewillt, jährlich mehr als $100´000.- für etwas aufzugeben, bei dem Sie keinen Überblick bzw. Kontrolle darüber haben, wie sich der Gegenwert zum erbrachten Aufwand für Ihr Unternehmen darstellt?

3. Wenn Sie nichts messen, wie wissen Sie dann, ob und wie sich eine Marketing-Strategie entwickelt? Messungen geben Ihnen die Indikatoren, um zu entscheiden, ob man mehr oder weniger Ressourcen in die Social Media Strategie investieren sollte.

4. Es gibt keine Ausrede dafür, nicht zu messen. Wenn Sie schon eine Weile im Bereich Marketing arbeiten, haben Sie Plakatwerbungen, Broschüren oder Messebeteiligungen im traditionellen Marketingmix gemessen. Haben Sie auch mal versucht, die Investmentrendite für eine Plakatwerbung zu berechnen?

Die gute Nachricht ist: heutzutage stehen uns enorm viele Daten zur Verfügung. Wir haben wirklich keine Ausrede mehr, unsere digitalen Marketing Aktivitäten nicht zu messen und somit zu kontrollieren.

Hilfreich sind dabei schon kostenlose Programme wie Google Analytics. Auch diese können hilfreich sein, um aufzuzeigen, wer Ihre Website besucht, wie viel Zeit jemand auf dieser verbringt, wo sie Ihren Webauftritt wieder verlassen, welcher Content für die Kunden interessant ist und noch viel andere Dinge.

Wenn Sie also mit den Möglichkeiten zufrieden waren, um Ihre "alten" Marketing Aktivitäten zu messen, sollten Sie vollumfänglich zufrieden sein mit den Möglichkeiten, Social Media Kampagnen und Aktivitäten zu messen, oder nicht?

Lassen Sie uns diese komplexe Frage ein wenig vertiefen und uns strategische Überlegungen zur Messung von Social Media-Aktivitäten machen.

Nutzen Sie Messwerte als Ausrede für Untätigkeit

Mein Freund Matt Ridings hat auf meinem Blog einen Beitrag verfasst und dabei gesagt "Man sollte immer messen, ausser man sollte es nicht." Ich erkläre Ihnen gerne, was er damit meinte.

1. Tabellen sollten niemals das Gespür für das Geschäft ersetzten. Viele verlassen sich auf ihre Tabellen, aus Angst davor, zu viel Risiko einzugehen oder Verantwortung zu übernehmen. Die Rendite wird dann als Ausrede genutzt, etwas nicht zu tun, was sie einfach nicht verstehen.

Manchmal macht es keinen Sinn oder besitzt keinen wirklichen Mehrwert, die Rendite zu berechnen. Nur weil man irgendetwas messen kann, sollte man es nicht unbedingt auch tatsächlich messen. Sollen die Kosten für Messungen grösser sein als die wirtschaftlichen Vorteile, die Sie durch eine Messung erhalte, warum sollten Sie dann etwas messen? Das heisst nicht, dass es keine wirtschaftlichen Vorteile gibt. Es heisst nur, dass Sie eine Entscheidung treffen, die nicht auf Zahlen beruht - dabei aber berücksichtigen, ob Sie genug Vorteile sehen, um diese Aktivität voran zu treiben.

2. Es ist unabdingbar, dass Sie nicht nur die Ziele, sondern auch die zeitliche Dimension verstehen. Auch Zahlen können nutzlos sein, wenn man sie nicht mit den richtigen Erwartungen abgleichen kann. Wenn Sie keine fundierte Annahme darüber haben, wie lange eine Aktion braucht, um ihre volle Wirkung zu entfalten, wie können Sie dann entscheiden, wann die Aktion gestoppt oder forciert werden muss? (Hinweis hier: In einer Ökonomie, die vom Miteinander geprägt ist, werden langfristige Aktionen die Norm werden und darum ist der Punkt hier noch wichtiger).

3. Sie müssen ebenfalls in der Lage sein, die Auswirkungen von Messungen, also sowohl positiv wie

auch negativ, zu verstehen. Messungen selbst beeinflussen das Verhalten und die Entscheidungen innerhalb der Firma. Wie wirkt sich die Messung aber auf jeden Einzelnen und dessen Motivation aus? Sind die Auswirkungen hier langfristig hilfreich für den Kunden oder steht der schnelle Mehrwert für die Firma im Vordergrund und es könnte langfristig zu Problemen kommen?

Zusammenfassend bleibt zu sagen: es ist nicht der Tatsache, ob Sie etwas messen oder nicht, es ist die Tatsache, ob Sie verstehen, was Sie mit den Daten machen können.

Lassen Sie uns nun ein noch radikaleres Konzept anschauen, das auf der Annahme beruht, dass die korrekten Messwerte Ihres Social Media Programms gar nicht in Zahlen ausgedrückt werden können.

Die Bedeutung von qualitativen Indikatoren

Alleine in den letzten 12 Monaten habe ich untere anderem diese Aufträge oder Vorteile bekommen, einfach „nur" weil ich im Social Media präsent bin.

- Eine Einladung, einen Vortrag an der Oxford University zu halten

- Kostenlosen Content für meinen Blog von Autoren aus Frankreich, Belgien, Malaysia, Australien, England, Wales, Schottland, Irland und Deutschland

- Einen Praktikanten

- Einen Buchdeal

- Kostenlose Bilder und Darstellungen für meinen Blog, mein Buch, mein Twitterprofil und meine Facebook-Seite

- Ein kostenlosen Fahrservice für eine Woche in London

- Eine Spende von $6´000.- für meine Lieblings-Charity

- Einen Touristenführer für einen Tag in Estland

- Auftritte in Japan, Indien, Kanada, Holland und England

- Ein eBook für meinen Blog mit dem Thema "Beste digitale Marketing-Kampagnen".

- Hilfestellung, um technische Probleme auf meinem Blog zu lösen

- Eine Anstellung für einen Freund von mir

Jedes einzelne Element auf dieser Liste ist ein fassbarer, persönlicher oder geschäftlicher Mehrwert. Aber wie viel davon kann ich einfach so in einer Tabelle oder in einem Diagramm darstellen? Wohl nicht allzu viele.

Das ist ein wichtiger Punkt. **Viele Vorteile, die aus dem Social Media-Bereich kommen sind qualitativer und nicht quantitativer Natur.** Das ist der Grund, warum kleinere Firmen häufig einen Vorteil gegenüber grösseren Firmen haben: Ihre Social Media-Aktivitäten werden nicht gemacht um sie zu messen.

Firmeninhaber von kleineren Firmen können die Erfolge ihrer Social Media-Aktivitäten jeden Tag spüren. In grossen Firmen ist die Chance höher, dass derjenige der Verantwortung für die Social Media Arbeit trägt, nicht eng mit dem obersten Chef zusammenarbeitet. Also fragt dieser eines Tages nach dem Mehrwert der Kampagnen und möchte dies mit Zahlen belegt oder als Diagramm dargestellt sehen. Und das ist dann der Punkt, an dem die Dinge etwas auseinanderfallen.

Lassen Sie uns einfach mal die Vorteile einer isolierten Marketingaktion bewerten. Ich zeige Ihnen nun 25 Beispiele für greifbare, reale, nicht monetäre Vorteile, die eine Firma durch einen Blog haben kann:

- **SEO** — Einen aktiven Blog mit interessanten Inhalten zu haben kann die Suchmaschinenpositionierung positiv beeinflussen.

- **Differenzierungsmöglichkeit** — sollte die Konkurrenz nicht bloggen, können Sie dies als Möglichkeit nutzen, um sich in Ihrer Branche hervorzuheben.

- **Festigen Sie Ihre Meinung** — zu bloggen zwingt Sie dazu, eine klare Position zu einem Thema einzunehmen. Durch Recherche, Kontrolle von Fakten, dem Schreiben und Anpassen von Texten sind Sie stark involviert in ein Thema und können es so besser kommunizieren.

- **Kreieren Sie eine Datenbank von Antworten** — Bloggen Sie über Kundenfragen. Nutzen Sie die Links zu diesen Antwort-Posts, um Zeit zu sparen, sollten Sie diese Fragen zukünftig noch einmal von Kundenseite gestellt bekommen.

- **Mitarbeiterbelohnung** — Stellen Sie einzelne Mitarbeiter in den Mittelpunkt, in dem Sie ihre Ideen oder die Ergebnisse in Ihrem Blog präsentieren und kommentieren.

- **Integration von Marketing** — Verwandeln Sie einfach Inhalte von Ihrem Blog in nützliche Verkaufs-

oder Marketingunterlagen. Gedruckte Materialien werden häufig nicht genutzt, aber durch einen Blogpost können Kunden mehr erfahren und mehr lernen.

- **Funktionieren Sie Ihre Inhalte um** — Inhalte Ihres Blogs können kostengünstig umfunktioniert werden zu Newsletter, eBooks oder anderen Publikationen.

- **Geben Sie Ihrer Marke ein Gesich**t — es gibt wohl kaum einen einflussreicheren und günstigeren Weg, die menschliche Seite Ihrer Firma zu zeigen als durch Storytelling auf Ihrem Blog.

- **Beweisen Sie Aktualität** — Ein aktueller Blogeintrag zeigt den Kunden, dass Ihre Website auf dem neusten Stand und relevant ist.

- **PR** — Tweets und Facebook Status-Updates allein helfen wahrscheinlich nicht, die Aufmerksamkeit von Journalisten auf sich zu ziehen. Ein Blogpost kann dies jedoch.

- **Geschäftsbeziehungen vorbereiten** – Leute möchten lieber mit denjenigen zusammenarbeiten, die sie kennen, die sie mögen und denen sie vertrauen. Sich online in einem Blog zu präsentieren, gibt den Kunden die Chance, Sie schon vor dem ersten Treffen kennenzulernen. Viele Firmen haben ihre eigenen Angestellten zu Bloggern ausgebildet, um so die Marketingaktivitäten zu unterstützen.

- **Interaktion mit dem Kunden** — Ein Austausch mit Kunden kann zu wichtigen geschäftlichen Vorteilen führen. Sie könnte ja auch Ihren Kunden anbieten, einen Beitrag zum Blog zu leisten.

- **Probleme lösen** — Manche Firmen nutzen ihren Blog, um technische Problem durch die (Leser-) Gemeinschaft lösen zu lassen.

- **Ideen zu neuen Produktentwicklungen** — Ganz gross im Kommen ist die Nutzung von Blogs, um neue Produktideen oder Services vorzustellen und zu diskutieren.

- **Vorreiterrolle festigen** — Ist Ihre Firma führend in ihrer Branche? Dann zeigen Sie diese Führungsposition und Ihre Bedeutung in Ihrem Blog.

- **Marktsegmentierung** — Viele Firmen (vor allem im technischen Bereich) haben verschiedene Blogs um Kunden mit verschiedenen Interessen, demgrafischen Merkmalen und Wohnorten zu erreichen.

- **Finden Sie Ihre Fans** — Diejenigen, die Ihren Blog

lesen, könnten Ihre einflussreichsten Fans sein und so Ihrer Firma helfen.

- **Eine konstante Verbindung zum Kunden** — Kundenanrufe sind sehr teuer. Ein Blogpost kann einen Anruf ersetzen und so wöchentlich eine günstigere Verbindung zum Kunden schaffen.

- **Ideen testen** — Sie streben Veränderungen an? Dann testen Sie diese neuen Ideen doch erst in Ihrer Blog-Community.

- **Sammeln Sie die Beiträge für ein Buch** — Viele Firmen nutzen ihre Blogposts, um daraus eine grössere Publikation wie ein Buch zu fertigen.

- **Recherche** — Werfen Sie eine Frage in die Runde, und nutzen Sie Ihren Blog, um schnell und kostengünstig Feedback und Antworten zu bekommen.

- **Netzwerken** – Verbindungen über einen Blog können helfen, neue Angestellte, Lieferanten oder Partner zu finden.

- **Schaffen Sie eine emotionale Verbindung** — Blogging hat die Fähigkeit mit starken Geschichten eine Verbindung herzustellen – dies ist besonders hilfreich für Non-Profit Organisationen.

- **Soziale Daseinsberechtigung** — Einfach nur einen Blog zu haben, reicht aus, um zu zeigen, dass Ihre Firma versteht, wie man im Bereich Social Media arbeitet.

- **Krisenmanagement** – Wenn Sie einen Blog haben, müssen Sie sich auf niemand anderen verlassen, um Ihre Geschichte zu erzählen. Ihr Blog kann genau die Dinge erzählen, die helfen, Ihre Marke zu beschützen.

Ich hätte genauso gut eine ähnliche Liste für Facebook, Twitter, YouTube oder jede andere Social Media-Plattform erstellen können. Diejenigen Firmen, die im Bereich Social Media schon weit vorangeschritten sind, kennen voraussichtlich ihre qualitativen Vorteile bereits...

- PepsiCo hat das Social Network genutzt, um Kundenmeinungen einzuholen. Dafür haben sie die DEWmocracy Promo-Aktion ins Leben gerufen, die dabei geholfen hat, herauszufinden, welche neuen Varianten von Mountain Dew es geben soll.

- Caterpillar nutzt Social Media, um Communities aufzubauen. Sie bauen Markentreue auf, indem sie diejenigen Kunden belohnen, die anderen Kunden helfen, ihre technischen Probleme zu lösen.

- Audi hat Social Media genutzt, um neue einflussreiche Personen im Bereich Design und Technologie zu finden, und um so neue Marktsegmenten zu erschliessen.

- Ein regionaler Telefonanbieter hat seine Fans genutzt, um Ideen zu finden, wie die Firma ihr 30jähriges Jubiläum feiern kann.

- Citi nutzt Social Media, um neue vielversprechenden Bewerber kennenzulernen.

- Starbucks hat einen Blog, der nur für Ideen da ist, wie man Produkte und Shops verbessern kann. Sie haben bereits Tausende von Ideen durch die aktive Einbindung ihrer treuen Fans umgesetzt.

Sollten Sie wirklich nur fokussiert sein auf quantitative Messwerte wie Rendite, dann verpassen Sie leider viele Vorteile des Social Media Marketings.

Es ist nicht nur unklar, was man messen soll, sondern auch wann...

Wie ich bereits in Kapitel 2 aufgezeigt habe, beginnen Social Media Verbindungen als wirklich schwache Beziehungen. Es braucht Zeit, die Leute zu begeistern, zu animieren und zu aktivieren, um so wirkliche finanzielle Vorteile des Social Media Marketings zu spüren. Tatsächlich gibt es drei Phasen in den meisten Social Marketing Aktivitäten:

Wahrnehmung – Während wir uns bereit machen, eignen wir uns Neues an, experimentieren oder machen Fehler und finden neue Plattformen und Partner. Der Fokus hier sollte darauf liegen, Content zu kreieren und die Prozesse zu definieren, regelmässig etwas zu veröffentlichen und auch – falls nötig - zu antworten. Das kann alles sehr frustrierend sein, weil man das Gefühl hat, man kommt nicht voran. Die gute Nachricht aber ist: Mehr als 80% aller Firmen verzeichnen eine grössere Wahrnehmung innerhalb des ersten Jahres.

Zuverlässige Reichweite — Wenn Sie anfangen, haben Sie vielleicht das Gefühl, Ihren Content einfach nur in einen tosenden Ozean zu werfen. Sie fragen sich vielleicht, ob es irgendjemand interessiert und ob es jemand wahrnimmt. Nach einer gewissen Zeit, in der Sie guten hilfreichen Content produziert und veröffentlicht, Verbindungen mit Ihrer Leserschaft aufgebaut und vielleicht sogar einigen Content vermarktet haben, bemerken Sie etwas Wunderbares. Leute fangen an, zu reagieren, sie abonnieren Ihren Newsletter und vielleicht kaufen Sie sogar ein Produkt.

Diese Phase nennt man "zuverlässige Reichweite", weil

Leute sich auf Ihren Content einlassen. Sie bauen gerade eine wirkliche Leserschaft auf. Eine, die zuverlässig ist und Ihre Inhalte schätzt. Wenn Leute Ihren Blog abonnieren, sagen sie gewissermassen "Bitte verkaufen Sie mir etwas!"

Phase der Investmentrendite — Wenn diese Schritte abgeschlossen sind, sind sie bereit, um fassbare finanzielle Vorteile aus Ihren Bemühungen zu messen. Sie werden als hilfsbereite und vertrauensvolle Autorität angesehen. Ihre Präsenz ist beständig und verlässlich. Und wann ist das so weit? Für manche Firmen in vier, fünf oder mehr Jahren. Wenn Sie Erfahrung im Marketingbereich besitzen, dann hatten Sie bestimmt bereits eine Vorstellung, dass es so lange dauern wird. Das Problem sind die Firmen, die gerne wissen möchten, wie man Social Media Erfolg ganz genau misst, wie man die Investmentrendite daraus ableitet und sie möchten es SOFORT tun.

Aber wenn man bedenkt, dass dieser Prozess wellenartig kommt, gibt es einfach KEINE EINZELNE RICHTIGE MESSEINHEIT, da sich die Prioritäten einer Firma verändern oder sie einfach nicht mehr so dringend sind. Ihr Ziel sollte es nicht sein, die richtigen Messindikatoren für Social Media zu finden, sondern die Messindikatoren zu identifizieren, die genau JETZT notwendig sind.

Als ich noch in Firmen gearbeitet habe, war alles immer

auf den Jahresbericht ausgerichtet. Und jedes Jahr hatte ich die gleichen Ziele, da die Firma eben den Fortschritt in diesem Bereich sehen wollte. Wenn Sie nun aber im ersten Jahr ihrer Social Media Marketing Strategie sind, wird es Ihnen und dem Unternehmen nicht viel bringen, die Rendite messen zu wollen. Die Fakten sagen uns, dass in 70% aller Fälle nichts passieren wird; also akzeptieren wir es einfach.

Aber es ist sehr wahrscheinlich, dass, wenn Sie mit Ihrer Strategie auf Kurs sind, Sie Aufmerksamkeit am Markt gewinnen- und DAS kann man dann messen. Sie bauen gerade intern eine neue Marketingkompetenz auf, und deshalb sollte der wichtigste Indikator sein, welchen positive Effekt das auf die Firma selbst hat. Das müssen Sie nun anhand folgender Indikatoren aufzeigen:

- Steigerung Anzahl erreichter Kunden

- Entwurf eines durchdachten und verlässlichen Redaktionsplans

- Mehr Webtraffic wegen Content

- Erste Anzeichen von mehr Likes oder Kommentaren

- Die Wahrnehmung der Marke steigt durch Social Media-Beiträge

Das ist natürlich nur ein Auszug und nicht die ganze Liste. Es handelt sich lediglich um ein paar Anregungen. Aber ich bin mir sicher, dass Sie selber noch einige Ergänzungen haben, um aufzuzeigen, dass Sie auf dem richtigen Weg sind.

Puristen mögen Indikatoren wie die Anzahl an Followern oder Likes nicht anerkennen, weil es eben keine Rendite ist. Aber ich bin davon überzeugt, dass Follower und Likes in dieser ersten Phase wertvoll sind um, aufzuzeigen, welche Veränderungen es in der Firma selbst gibt. Und das ist der grösste Erfolg, den man am Anfang haben kann.

Am Ende des ersten Jahres Ihrer Content Marketing-Strategie sind sie voraussichtlich soweit und können Indikatoren austauschen. Wenn Sie die Ziele der ersten Phase nach 12 Monaten noch nicht erreicht haben, dann sollten Sie eine Kurskorrektur vornehmen.

Mit dem Eintritt in die zweite Phase Ihrer Marketingstrategie muss der Fokus auf der Verbindung mit den Fans liegen. Wir bauen nicht einfach nur eine Leserschaft auf, wir wollen unsere Ideen und unseren Content verbreiten und neue Inhalte durch persönlichen Austausch schaffen.

In dieser Phase gehen wir ein wenig weiter, als "nur" zu

versenden und Inhalte zu verbreiten. Wir brauchen ein paar verlässliche Anhaltspunkte dafür, dass unsere Kommunikation aufgenommen wird und wir Reaktionen erhalten.

Nach dem ersten Jahr sollten die Indikatoren hierauf abzielen:

- Die Anzahl an Abonnenten auf unseren Kanälen

- Leadgenerierung (nicht nur im Verkauf, sondern auch neue Kontakte, neue Mitarbeiter und neue Lieferanten etc.)

- Fürsprache— Teilen Ihre Kunden Ihre Inhalte? Sollen Leute diese Inhalte teilen, dann stehen Sie dahinter und sagen quasi, dass sie daran glauben und jemand anders dies auch tun sollte. Content zu teilen ist ein wichtiger Erfolgsindikator zu diesem Zeitpunkt.

- Autorität — Es ist genauso wichtig, zu schauen, wer denn Ihre Inhalte teilt. Fangen Sie an, Leute aus Ihrer eigenen Industrie/Branche zu erreichen? Gibt es vielleicht Leute unter Ihrer Leserschaft, die Ihnen helfen können und neue Türen für Sie öffnen könnten?

Wie lange die zweite Phase andauert? Das hängt

tatsächlich stark von der Branche ab und natürlich auch von der Konkurrenz und der Informationsdichte, die in Ihrer Branche vorhanden ist.

Das Ergebnis

Vor ein paar Monaten habe ich folgende E-Mail bekommen "Ich lese Ihren Blog bereits seit drei Jahren und bin ein grosser Fan Ihrer Podcasts. Ich habe ein Projekt für Sie...."

Ich denke das ist typisch fürs Social Media Marketing. Manchmal braucht es Jahre, um wirklich Erfolge zu sehen. Noch einmal, das hängt sehr von Ihrer Branche und Firma ab, aber nach drei Jahren sollten Sie schon erste finanzielle Vorteile sehen. Wenn Sie das Gefühl haben, die Indikatoren aus Phase zwei sind nicht mehr zutreffend, dann machen Sie einen Schritt nach vorne und benennen Sie Indikatoren, die folgendes beleuchten:

- Kundentreue und Kundenbindung

- Conversionsrate

- SEO-Vorteile

- Einsparungen im Marketing und Kostenvermeidung

- Umsatzentwicklung

Dies sind die nüchternen Zahlen, die tatsächlich in eine ROI-Berechnung einfliessen müssen. Es ist genau das, was schliesslich für alle das Ziel sein muss.

Ich hoffe, diese Darstellung hat Ihnen geholfen. Im Mittelpunkt steht die Idee, dass im "neuen" Marketing die Uhren anders ticken. Den Erfolg kann man nicht auf die gleiche Art und Weise wie bei traditioneller Werbung messen. Aber am Ende muss es zu den gleichen finanziellen Ergebnissen führen.

Indikatoren benennen, die helfen

Ich hoffe, dass wir nun auf der gleichen Seite stehen und Alle die endlosen Möglichkeiten verstehen, wie man durch Anwendung von Social Media Plattformen Mehrwerte generieren kann. Doch trotzdem zeigt Studie für Studie, dass viele Firmen mit dem Mehrwert aus Social Media Probleme haben.

Warum? Ich denke, dass die meisten von Ihnen die falschen Indikatoren nutzen.

Ein guter Startpunkt ist es, genau zu definieren, welches Verhalten und welche Einstellungen man durch die eigene Social Media-Präsenz beeinflussen möchte, und dann erst die richtigen Indikatoren zu finden, die diese definierten Ziele messen.

Verantwortung für die Social Media Strategie zu übernehmen heisst auch, Fortschritte im Einklang mit den Unternehmenszielen nachzuweisen. Unwichtig ob quantitativ oder qualitativ, die Messungen müssen Bestandteil von Reports, Dashboards und definierten Key Performance Indicators (KPI) sein.

Welches Thema ist in Ihrem Unternehmen allgegenwärtig? Vielleicht denkt ihr Team an Verkaufsvorgänge. Vielleich ist das Hauptziel aber auch Kundenzufriedenheit und Markenbewusstsein. Sie müssen diejenigen Erfolge aufzeigen, die für Ihre Anspruchsgruppen relevant sind.

Nehmen wir an, Ihr bereits existierendes Ziel ist die Kundenbindung. Relevante Indikatoren für Kundenbindung wären zum Beispiel die Anzahl an Kommentaren, Interaktionen, Abonnements, sowie die Anzahl an Freunden oder Fans. Isoliert betrachtet, zeigt kein einzelner dieser Indikatoren den Grad der Kundenbindung an. Erst wenn man die Gesamtheit aller Indikatoren betrachtet, können klare Rückschlüsse auf den Grad der Kundenbindung gezogen und Kennzahlen entsprechend verbessert werden.

Und wenn wir gerade dabei sind, werfe ich noch ein Hinweis zu statistischen Analysen ein. Durch das Social Web haben wir unendliche Möglichkeiten, Einblicke und Hilfestellungen aus den "Big Data" zu lesen. Aber akkurate Analysen fehlen in diesem Bereich leider fast vollständig.

Sie als Führungskraft sollten es nicht akzeptieren, dass Werte mehr oder minder geschätzt werden. Um wirklich einen Vorteil gegenüber Ihrer Konkurrenz zu erarbeiten, sollen Sie in der Lage sein, diese Daten zu bewerten und zu analysieren.

Da dies ein langes Kapitel war, hier eine kurze Zusammenfassung:

- Akzeptieren Sie keine Ratschläge, die Sie veranlassen könnten, Social Media-Aktivitäten nicht zu messen.

- Beurteilen Sie Ihre Investitionen im Social Media Bereich sowohl nach Relevanz als auch nach finanziellen Vorteilen.

- Wenn Sie können, messen Sie Ihre Investmentrendite; aber manchmal muss das nicht sein. Aber lassen Sie sich auf keinen Fall davon abbringen, Ihre Bemühungen in irgendeiner Art zu messen und so Ihre Marketingaktivitäten zu steuern.

- Führende Unternehmen werden den Wert sowohl von qualitativen als auch quantitativen Indikatoren zu schätzen wissen.

- Denken Sie darüber nach, was Sie messen und wann Sie es messen. Studien zeigen, dass Aufmerksamkeit ein Ergebnis im ersten Jahr ist, gefolgt von zuverlässiger Verbreitung und schlussendlich Verkäufen. Es macht Sinn, dies als Grundlage zu nehmen und Indikatoren bei Bedarf anzupassen.

- Passen Sie Indikatoren den existierenden Firmenzielen an. So können Sie den Erfolg Ihrer Bemühungen besser bewerten und aufzeigen.

Fragen, die Führungskräfte berücksichtigen sollten:

1. Wie wird eine erfolgreiche Social Media Kampagne in einem Jahr aussehen? Dies mit dem Hauptziel im Hinterkopf, welche Indikatoren uns helfen könnten, den Prozess zu kontrollieren.

2. Hat unsere Firma eine Kultur, in der auch qualitative Indikatoren anerkannt sind? Was wird impliziert, wenn wir diese Frage mit "Nein" beantworten?

3. Um erfolgreich zu sein, müssen wir der Tatsache ins Auge blicken, dass diese Entwicklungen vielleicht Jahre und nicht Wochen dauern. Sollten wir deshalb unsere Indikatoren in den ersten drei Jahren fortlaufend anpassen, sodass wir auch die kleinen Erfolge darstellen können?

KAPITEL 7

Wir arbeiten in einem Nischen-Markt. Müssen wir da wirklich Social Media nutzen?

Ersetzen Sie Nische einfach durch „B2B", „gesättigten" oder „sterbenden" Markt.

Lassen Sie uns der Frage nach dem wirklichen Bedarf nachgehen, indem wir uns die Geschichte von einer amerikanischen Top-Marke anschauen.

Ich bin vor einiger Zeit von einem Familienurlaub heimgefahren und habe mich vom iPhone-GPS navigieren lassen. Denken Sie mal darüber nach, was für eine faszinierende Technologie hinter einem Navigationssystem steckt, wie es durch Staus und Baustellen leitet und uns effizient und sicher an unser Ziel bringt.

Ich dachte für mich, ob Rand McNally eigentlich eine App hat, die ich nutzen könnte. In Amerika hat wohl jedes Auto noch die „analoge", oft genutzte Strassenkarte von Rand McNally *Atlas of the United States* im Handschuhfach.

Diese US-Firma hatte einen Marktanteil von 100% in einer Industrie deren Ziel es ist, Menschen von Punkt A nach B zu navigieren. Alle zwei oder drei Jahre hat man eine neue Karte gekauft, sodass man immer auf dem neusten Stand war in Bezug auf die aktuelle Strassenführung. Also habe ich ein wenig recherchiert: Rand McNally hatte einmal versucht, den Navigationsgeräte-Markt zu erobern. Eine Suche im Appstore nach einer Rand McNally App ergab einfach nichts. Sehr traurig.

Ich kann mir die Diskussion bei den Geschäftsführern von Rand McNally vor fünf Jahren gut vorstellen: "Digital? Bist du denn verrückt? Weisst du eigentlich, wieviel Geld wir mit den Papier-Strassenatlanten verdienen? Was sollte mich dazu bewegen, meinen eigenen Marktanteil kaputt zu machen und auf Profite zu verzichten? Mir kann wohl auch niemand sagen, wieviel Geld ich mit digitalen Strassenkarten tatsächlich verdienen kann, oder?"

Voraussichtlich ist es genau die gleiche Diskussion, die man bei Kodak hören konnte "Aber wir verdienen so viel Geld mit Fotofilmen! Kann man überhaupt Geld damit verdienen, digitale Bilder im Internet zu teilen?"

Ich frage mich in solchen Fällen immer, was die Rendite einer Firmenpleite ist?

Sollten Sie sich also mit der Frage beschäftigen, ob Sie Social Media und digitales Marketing in Ihre Firma integrieren sollen, fragen Sie sich lieber, ob Sie vielleicht überflüssig werden, wenn Sie es NICHT tun.

Und mit „digitalisieren" meine ich nicht, eine Webseite zu haben. In den letzten beiden Jahren haben 68% der „Fortune 100"- Firmen Einbrüche bei den Website-Besuchen gehabt. Warum? Leute schauen nicht mehr nach Webseiten (es sei denn Sie arbeiten bei Amazon oder eBay). Nur eine Webseite zu haben, ist für ein Unternehmen nicht mehr ausreichend.

Jede Firma existiert, um Mehrwerte für ihre Anteilseigner zu erwirtschaften. Aber vergessen Sie dabei nicht, dass Sie in ein paar Jahren Jahren vielleicht gar nicht mehr auf dem Markt sind, weil Sie immer noch damit beschäftigt sind, Szenarien in Excel-Tabellen darzustellen. Es gibt viele wirklich kluge Leute, die Ihrer Firma den Erfolg nicht gönnen, und die sogar möchten, dass sie Pleite gehen. Seien Sie wie diese Leute oder stellen Sie sie ein. Aber bitte halten Sie nicht an Geschäftsmodellen fest, bis die Bank an die Tür klopft und Ihre Firmenkonten sperrt.

Braucht jede Firma eine Social Media Strategie?

In einer Zeit, in der Social Media kritischer evaluiert wird und Firmen Zeit dafür aufwenden, zu schauen, was es ihnen wirklich gebracht hat, ist dies eine durchaus faire, aber immer noch sehr komplexe Frage. Am besten kann ich diese Fragen anhand von ein paar Fallstudien beantworten- von Leuten, die etwas unkonventioneller an Social Media herantreten.

Depend Adult Diapers (Windeln für Erwachsene)

Depend ist eine Kimberly Clark Marke und eigentlich nicht wirklich aktiv in den Social Media. Mit einer doch eher ergrauenden Zielgruppe hat man sich darauf gerichtet, auf der Webseite die wichtigsten Fakten und ein paar Coupons zu präsentieren; aber es gibt keine Social Media Verbindungen. Eine Firma die nicht der Marke angehört, hat eine Fake-Facebook Seite aufgeschalten, die "Depend´s adult diapers" heisst. Kimberly Clark sollte sich vielleicht ein wenig schützen und die anderen Plattformen für sich einnehmen.

Und vor allem sollten sie darüber nachdenken, vielleicht doch eine minimale Präsenz auf Facebook zu haben, denn ihre zukünftigen Kunden finden sie bereits jetzt schon dort. Und es ist ausserdem erwiesen, dass immer mehr Kunden Facebook nutzen, um nach Informationen zu einer Marke zu suchen. Und mindestens einer der direkten Konkurrenten hat bereits eine Facebook Page.

Kohle

Warum sollte man eine Social Media Präsenz wollen, wenn man einfach nur ein Alltagsprodukt verkauft? Vielleicht gibt es tatsächlich kein Produkt, dass sich weniger absetzen kann von seinen Konkurrenten als Kohle. Es ist ein hartes Geschäft und alles, worüber man sich abheben kann, ist die Lieferkette im Griff, immer aktuelle Verkaufstrends im Blick zu haben und eine billige Produktion anzustreben.

Peabody Energy ist einer der grössten Kohle-Verkäufer der Welt. Sie haben eine wirklich exzellente und informative Homepage, aber eigentlich keine Social Media

Präsenz - abgesehen von einem vernachlässigten Twitter-Account und einer schwachen Facebook-Seite.

Vielleicht ist es die Strategie von Peabody, alles dafür zu tun, um nicht auf den Social Media präsent zu sein. Lassen Sie uns ehrlich sein: Jede Firma, die dafür verantwortlich ist, dass Gebiete verdrecken, die Wasser und Luft verpesten, sind nicht wirklich ganz oben auf der Liste der Unternehmen mit einem positivem Image. Kohle ist wichtig für die Weltwirtschaft, aber es ist dreckig, gefährlich und viele Leute haben eine Meinung dazu. Sollten wir Kohleenergie unterstützen? Das wird wohl einer dieser ewigen Streitpunkte sein, den die Firma niemals für sich entscheiden können wird. Wenn sie wirklich aktiv wären in den Social Media, wären endlose Debatten und Hassattacken wohl die Tagesordnung.

Und so hat sich Peabody entschieden, lieber finanzielle Unterstützung zu leisten für Handelsorganisation wie American Coalition for Clean Coal, die in den Social Media extrem aktiv sind – mit mehr als einer Millionen YouTube-Zuschauer, einem Blog und eine ernst gemeinte Präsenz auf Twitter und Facebook.

Sollte sich eine Firma dazu entschieden, Social Media lieber nicht anzugehen, wäre das hier eine wirklich gute Strategie, um trotzdem Vorteile aus der Digitalisierung zu ziehen.

Spielkarten

Ich spiele dieses Spiel immer mit mir selbst. Ich suche mir ein auf den ersten Schein langweiliges Produkt aus und überlege mir, welche Social Media Strategie man entwickeln könnte. Es ist ein bisschen wie Karten spielen. Man denkt ja immer, die hätten sich in den letzten hundert Jahren nicht verändert, aber bei genauer Betrachtung stellt man fest, dass auch sie einen Wandel "durchgemacht" haben.

Ich habe ein neues Pack von Bicycle-Karten (amerikanischer Kartenhersteller) aufgemacht und war extrem überrascht, als ich eine Extrakarte gefunden habe, welche die Social Media Kanäle der Firma präsentiert: Twitter, Facebook, YouTube. Diese Seiten sind allesamt mit wunderbarem Inhalt gefüllt für Leute, die gerne Spiele spielen, Kartentricks und kreative Hinweise rund um Kartenspiele mögen. Es gibt ausserdem sehr viele Fan-Konversationen- beeindruckend für ein scheinbar mittelalterliches Spiel.

Bicycle ist keine eine Firma, die viel Aufmerksamkeit generiert. Aber dieses nicht besonders digitale Produkt findet spannende Wege, um Konversationen mit Kunden zu führen und hat sich somit eine neue Daseinsberechtigung aufgebaut - quasi auf dem Rücken der digitalen Kunden.

Abfallmanagement von radioaktivem Müll

Man müsste eigentlich eine Firma lieben, deren Slogan "Anbieter von radioaktivem Abfallmanagement seit 1952" lautet. Das macht US Ecology, eine Firma, die sich auf diesen anspruchsvollen B2B-Service weltweit spezialisiert hat. Die Firma hat bis auf eine LinkedIn-Page keinerlei Social Media Profile. Lassen Sie uns kurz das Businessmodell der Firma überdenken: Jemand muss radioaktiven Müll loswerden. Es gibt eine kurze, aber bekannte Liste mit qualifizierten und ausgebildeten Leuten, die dieses Abfallmanagement übernehmen können. Kunden schauen also nach, wer verfügbar ist und fragen nach einer schnellen Lösung. Voraussichtlich wird es nicht viele Verhandlungen geben.

Vielleicht bestehen auch langfristige Verträge mit anderen Firmen, die radioaktiven Müll anhäufen. In so einem Fall möchte man wohl auch nicht um den letzten Cent streiten.

Wenn das Unternehmen Facebook nicht braucht, um Kunden zu generieren, vielleicht braucht US Ecology eine Social Media Plattform, um Personal anzuheuern und es an sich zu binden? Scheinbar nicht. Ich habe mich mit einigen von ihren Mitarbeitern vor einigen Monaten getroffen, und jeder war wirklich glücklich mit seinem Job. Sie verdienen gutes Geld und die Arbeitsbedingungen sind gut. Und es gibt kaum Veränderungen in der Personalstruktur.

Wenn Sie der Marketingleiter für US Ecology wären, würden Sie Geld ausgeben für eine Social Media Strategie? Voraussichtlich nicht.

Die älteste Firma der Welt

Fonderia Pontificia Marinelli stellt seit über 1000 Jahren wunderschöne bronzene Glocken in den italienischen Alpen her. Sie sind eine der fünf ältesten Firmen der Welt, und sie haben tatsächlich ihre Produktionsweise nie geändert.

Die Glocken von Fonderia Pontificia Marinelli hängen in den wichtigsten Gebäuden in New York, Beijing, Jerusalem, Südamerika und Korea. Zur Zeit hat das Familienunternehmen 20 Mitarbeiter, fünf von ihnen tragen den Namen Marinelli. Die Firma hat ein kleines Museum und veranstaltet besondere Events.

Sie haben eine einfache Webseite, die ca. 15 Jahre alt ist und haben keine Social Media Präsenz. Das bedeutet aber nicht, dass ihre Inhalte und ihr Content nicht durch Social Media-affine Besucher aus der ganzen Welt geteilt werden, aber es scheint, dass die "traditionellen" Wege am besten zu der Familie passen.

Fonderia Pontificia Marinelli hat Kriege überstanden, Naturkatastrophen und ökonomische Veränderungen weggesteckt und es gibt sie immer noch. Können sie also weiter bestehen und dass auch ohne Social Media Strategy? Würde es den Charme der traditionellen Firma trüben, wenn sie nun versuchen, vermehrt Facebook Likes zu bekommen? Wenn Sie nach einer typischen, wertigen bronzenen Glocke suchen, würden Sie sie bei dieser Firma kaufen, auch wenn sie keinen Twitter-Account hat?

Ich habe persönlich das Gefühl, dass diese Firma uns alle überstehen wird.

Braucht daher jede Firma eine Social Media Strategie? Die folgenden Fragen helfen Ihnen bei der Beantwortung.

Passt Social Media zur Ihrer jetzigen Geschäftsstrategie?

Wie wissen Sie, ob Social Media zu Ihrer Firma passt? Wenn Sie sich dazu entschieden haben, es zu probieren, setzen Sie alles auf eine Karte oder geht es um eine simple Präsenz?

Die Antwort zu all diesen Fragen finden Sie, indem sie diesen Satz beenden, bzw. beenden können.

"Nur wir..."

Das ist wohl eine der schwersten Aufgaben in einem Business, aber es ist wichtig, um Ihr Differenzierungspotenzial, Ihren Wettbewerbsvorteil, die Kundenbedürfnisse und auch Ihre Strategie zu verdeutlichen. Wenn Sie über all das eine Weile nicht mehr nachgedacht haben, gab es vielleicht Veränderungen?

„Nur wir"... sind die grösste, die kleinste, die schnellste, die mit dem täglich besten Preis. Haben Sie den besten Service, die grösste Erfahrung, die beste Auswahl oder die beste Lage?

Warum lieben Kunden Sie? Warum haben Ihre Konkurrenten Angst vor Ihnen? Was machen Sie richtig, sodass Kunden immer wieder kommen? Und wenn Sie glauben, Sie haben auf all das eine Antwort, sind Sie sich wirklich sicher, dass es die richtige ist? Sind Sie sicher, dass Sie die Bedürfnisse Ihrer Kunden verstehen? Verbessern und erweitern Sie regelmässig Ihre Kernkompetenzen?

Wissen Sie, wie Kunden ihre Informationen bekommen? Verbringen die Kunden viel Zeit in den Social Media während der Arbeit oder lieber daheim? Könnte das vielleicht ein Differenzierungspotenzial für die Firma sein?

Wenn Sie bisher nie darüber nachgedacht haben, wie

sich die Bedürfnisse Ihrer Kunden verändert haben, ist es vielleicht an der Zeit, mit den Kunden Kontakt aufzunehmen oder eine Umfrage zu starten. Es ist manchmal schwierig, sich neben dem Tagesgeschäft auf die Vorbereitung der Zukunft zu konzentrieren.

Wenn Sie die "Nur wir..."-Frage gründlich, akkurat und selbstbewusst beantworten können, dann dürfte Ihre Marketingstrategie funktionieren. Sie wissen genau, was Sie wann und wo sagen müssen. Und Sie haben eine Idee, wie Social Media in Ihre Strategie integriert werden kann.

Vor einigen Jahren habe ich eine Firma bei einer solchen Evaluierung unterstützt. Bevor wir uns mit den Kunden beschäftigt haben, waren sich der Gründer und der Besitzer sicher, dass ihre Kunden (grosse nationale NGO´s) kein Interesse an Social Media haben und dies auch nicht verwenden.

Aber als wir die Firma dann gefragt haben, was sie sich Gedanken machen für das nächste Jahr, kam am häufigsten die Antwort, dass man herausfinden möchte, wie man Social Media nutzen könnte. Sie alle wussten, dass ihre Kunden und Spender jeden Tag aktiv sind in den Social Media, und dass sie schnell mitmachen sollten, um dieses Kommunikationstool nutzen zu können.

Meine Kundin hat verstanden, dass sie eine Vorreiter-rolle in diesem Bereich einnehmen und Fachwissen auf diesem Gebiet erlangen musste. Da sie die Chance hatte, die Kundenbedürfnisse vorab zu kennen, konnte sie ihre Angebote entsprechend ausrichten. Sie beschäftigte sich daher mit Bloggen, Twittern und anderen Plattformen intensiv und hatte schlussendlich so viel Wissen, dass sie für ihre Kunden Webinars veranstalten und ihnen so die Nutzung von Social Media erklären konnte. Durch Social Media konnte sie also ein neues "Nur wir..." hinzufügen.

Beobachten Sie neue Trends und Innovationen bei Ihren Konkurrenten? Selbst in einem sehr kompetitiven Um-feld wie dem Social Media Marketing gibt es immer wie-der Highlight-Themen.

Denken Sie über Social Media für Ihre Firma nach

Im ersten Teil dieses Buches haben wir uns ausführlich damit auseinandergesetzt, wie Social Media in eine Mar-ketingstrategie integriert werden kann. Schauen wir uns nun einige Vorteile einer solchen an:

PR/Public Relations – Es ist wahrscheinlich, dass bestim-mte Aspekte von Social Media in Medienplänen, Krisenpla-nungen und Community-Verbindungen integriert werden.

Mund-zu Mund Propaganda – Social Media gibt uns neue Möglichkeiten festzustellen, wer unsere wahren Markenfans sind, um mit diesen zusammenzuarbeiten.

Kostenersparnis – Social Media ist ein sehr kosteneffektiver Kommunikationskanal. Es gibt Untersuchungen, die zeigen, dass im Vergleich zu traditionellen Massnahmen, die Ergebnisse genauso gut, wenn nicht sogar besser sind. Es gibt viele Möglichkeiten bereits vorhandenen Content und alte Marketingmaterialien einer neuen Kundschaft zu präsentieren.

Kundenservice – Social Media ist sehr beliebt geworden, um sich über mangelhafte Produkte und schlechten Service auszulassen. Es ist quasi die neue Hotline. Sind Sie jemand, der den Anruf annimmt?

HR und Anstellungen – Social Media, besonders LinkedIn, sind dabei die HR-Abteilungen zu verändern. Jemand hat mir mal gesagt, dass der "Social Media Footprint" von einem Kandidaten mittlerweile wichtiger ist als sein Lebenslauf. Ob Sie ein Talent suchen oder gefunden werden möchten: Social Media spielt dabei eine wichtige Rolle.

Interne Prozessverbesserungen – Im Kapitel 6 habe ich bereits das Potenzial aufgezeigt, welches in Bezug auf Mitarbeiterproduktivität, Mitarbeit und Problemlösungen in den Social Media vorhanden ist.

Image-Management – Die grössten Marken haben Social Media "Kriegszentralen" eingerichtet, damit sie in Echtzeit Diskussionen und Meinungen hinsichtlich ihrer Produkte bzw. Marken weltweit beobachten können. Heutzutage muss man an solchen Diskussionen aktiv teilnehmen und schnell antworten. Oder man riskiert, dass sich Probleme viral verbreiten.

Recherche und Entwicklung – eine aktive Kundencommunity kann eine echte Quelle für Ideen und Empfehlungen für neue Produkte und Innovationen sein.

Ein paar Sätze zu regulierten Branchen

Es gibt vielleicht einen guten, rechtlichen Grund warum Sie nicht im Social Web aktiv sein möchten. Vor allem wenn Sie in einer Branche arbeiten, in der es um hochsensible und vertrauliche Daten und Informationen geht.

Viele Firmen in regulierten Branchen, wie der Finanz- und Pharmaindustrie, tun sich auch schwer, eine Präsenz im Social Web aufzubauen.

Die erste Faustregel ist, sich immer auf die Rechtsabteilung zu verlassen. Jede Abteilung, die sich dafür einsetzt, mich. vor dem Gefängnis zu bewahren, liegt mir sehr am Herzen. Normalerweise hilft die Rechtsabteilung dabei, Wege zu finden, die Marketingbemühungen zu unterstützen; also sollte man sich auf ihren Rat verlassen.

Ich kann ja nun sagen, dass ich glaube, dass es viele Möglichkeiten für solche Firmen gibt, im Social Web aktiv zu sein. Sie nutzen die Regulierungen und Restriktionen als Ausrede, weil sie einfach nicht verstehen, was sie machen sollten und Angst vor Veränderungen haben.

Manche Treuhandbüros sind gar so paranoid, dass sie selbst ihren Beratern nicht erlauben, ein LinkedIn-Profil zu haben. Eine Unterhaltung mit einem Treuhänder und mir ist so verlaufen:

"Ich bin wirklich frustriert, weil meine Firma uns nicht erlaubt, Social Media Plattformen zu nutzen. Sie wollen alles beobachten, was wir sagen. Ich fühle mich deshalb ein wenig wie ein Outsider."

"Erlauben Sie euch, Network-Events von der Handelskammer zu besuchen?", fragte ich.

"Ja sicher, zu denen gehe ich schon seit Jahren:"

"Geben Sie euch da auch eine Vorlage, was man sagen kann und was lieber nicht?"

"Nein, natürlich nicht"

"Aber was ist denn der Unterschied? Social Media ist nur eine Art des Netzwerkens. Tatsächlich ist es wohl das bedeutendste Netzwerk-Tool, das jemals entwickelt wurde."

Diese Unterhaltung hat meinen Freund dazu inspiriert, sich einen Vortrag von mir anzuhören. Er ist mittlerweile ein Verfechter für Social Media in seiner Firma geworden, sodass er nun der Leiter eines Komitees ist, dass die Firma in die Neuzeit begleiten soll.

Es gibt aber ebenso viele Firmen, zum Beispiel im Gesundheitswesen, die Social Media bereits sehr gut nutzen. Die Mayo Clinic hat viele beliebte Blogs, einen exzellenten YouTube-Kanal und eine nützliche Facebook-Seite.

Wenn Sie sich Sorgen machen über rechtliche Konsequenzen Ihres Engagements und Kundenfeedback, dann können Sie verstärkt beobachten, mit eingeschränkter Kommentarfunktion bloggen, einen Podcast machen oder einfach nur Content vorbereiten, der dann durch andere verteilt werden kann und so für Ihre Firma Aufmerksamkeit kreiert. Das sind nur einige unbedenkliche Wege, um die Vorteile der Technologie zu nutzen, ohne das System dabei zu sehr ins Wanken zu bringen.

Eine Fallstudie

Mein Freund Jeremy Floyd ist einer der klügsten Marketingexperten die ich kenne, und er arbeitet als Prä-
sident der BPV Capital Management. Finanzdienstle-
istungen sind eine sehr regulierte Branche. Sie haben
strikte Auflagen bezüglich Veröffentlichungen, Werbung und Live-Interviews. Jeder Contentbeitrag muss
durch einen Anwalt korrigiert werden; manchmal
sogar durch aussenstehende Versicherungsfirmen.
Sie können keine Kundenmeinungen oder ähnliches
nutzen.

Das ist wirklich eine herausfordernde Marketingsitua-
tion. Und doch - BPV ist aktiv in den Social Media. Wie
kann das sein? Die Antwort ist einfach. Jeremy und die
Geschäftsführung haben verstanden, dass man in der
heutigen digitalen Welt, Marketing online stattfinden
lassen muss. So haben sie sich von Broschüren gelöst
und ihre Angst vor den Konsequenzen des Digitalen
abgeworfen.

Sie mussten ihre Strategie, ihre Organisation und ihre
Meinungen ändern, um mit ihren Möglichkeiten konkur-
renzfähig zu sein:

- Sie haben eine Management-Struktur geschaffen,
  welche die rasche Erarbeitung von Content unter-

stützt, inklusive einem Schnellzugang zu Anwälten, die innerhalb einer Stunde Inhalte absegnen können.

- Sie haben Strukturen verändert, um die Interaktion zwischen den Abteilungen zu beschleunigen und zu verbessern.

- Das Content-Team fokussiert sich vor allem auf Daten, sodass sie genau den Content produzieren, der gemäss den Zahlen von den Kunden geschätzt wird.

- Sie haben in ein Studio investiert, sodass sie nun überzeugendes Video- und Audiomaterial aufnehmen können. Und sie haben junge talentierte Leute aus anderen Branchen eingestellt, die wissen, wie man digitalen Content erstellt und die Ergebnisse analysiert.

Heute hat BPV einen durchdachten Content-Marketingplan, der Blogging, eBooks, Präsentationen, Videos, Podcast und Live-Webinare inkludiert. Sie nutzen auch älteren Content noch einmal in verschiedenen Marketing Kanälen, um den grössten wirtschaftlichen Vorteil aus ihrem Investment zu ziehen.

Die Lehren, die wir aus dem herausragenden Erfolg von BPV ziehen können, und wie man mit modernen Mar-

keting-Techniken in einem regulierten Umfeld erfolgreich sein kann:

Kultur ist der Schlüssel

Wohl das Wichtigste: BPV hat ein inspiriertes, vorwärts-
gerichtetes Führungsteam, welches Veränderungen annimmt und so neue Wege in der Kommunikation einschlägt. Wenn Ihre Firma noch ganz am Anfang steht, ist
vielleicht der Schlüssel zum Erfolg keine Facebook-Seite;
es ist vielleicht eher die Formung der Führungskräfte.
Es gibt keine Veränderung der Kultur auf Mitarbeitere-
bene- solche Veränderungen müssen immer von ganz
oben kommen.

Sich auf den erfolg vorbereiten

BPV hat die historisch begründete Dynamik in ihrer
Branche verändert und hat dafür Ressourcen geschaffen,
um dies erfolgreich zu tun. Sie haben Jeremy die Frei-
heit gelassen, die Marketingabteilung neu aufzubauen,
und haben Strukturen geschaffen, die diese Prozesse unterstützen. Natürlich gibt es Schwierigkeiten in bestimmen Branchen. Aber hören wir doch auf, uns darüber zu
beklagen, und machen einfach mal etwas.

Liebe für die anwälte

Hören Sie auf, die Rechtsabteilung als Ausrede zu nutzen. In meiner Erfahrung will diese nichts anderes, als ihren Erfolg umzusetzen. Sehen Sie dieses Team als Ressource und nicht als Hindernis.

Ich habe es aus der ersten Reihe beobachten können, wie Jeremy und sein Team sich durch alte Strukturen kämpfen mussten, um jeden Tag ein Stückchen weiter zu kommen. Sie haben damit kreative Lösungen genutzt, und anstatt ein Nein als Antwort zu akzeptieren, haben sie nach Alternativen und Kompromissen gesucht. Mit der Zeit haben sie eine Gemeinschaft mit dem Compliance Team gebildet, weil sie gemeinsam Erfolge möglich gemacht haben.

Geduld

Die Geschäftsführung von BPV wusste, dass Content Marketing eine langfristige Investition ist, aber eben auch eine grosse Chance, sich von der Konkurrenz abzuheben. Während ihre Konkurrenten hinter dem Steuern eingeschlafen sind, haben sie eine Chance gesehen, sich als soziale und progressive Firma in einem nicht gesättigten Nischenmarkt zu etablieren. Sie werden wohl das erste Treuhandunternehmen, die mit den Millenials in

Kontakt tritt – glauben Sie, dass ihnen das einen Vorteil im Bewerbungsprozess gibt?

Strategie ÜBER DEN Content

BPV hat ihre Contentpräsenz zukunftssicher gemacht, indem sie neue Strategien möglich gemacht haben. Es gibt keinen wirtschaftlichen Vorteil im Contentmarketing, wenn niemand den Content sieht oder ihn teilt. Indem sie sich auf Strategien konzentriert haben, wie der Content verbreitet werden kann, hat BPV jetzt schon einen Vorteil ihren Konkurrenten gegenüber.

Der grösste Gewinn in all dem?

Der wohl grösste Nutzen von Social Media für viele Firmen muss nichts mit Kundenbindung oder grossartigen Inhalten zu tun haben. Es gibt einer Firma vielleicht auch die Chance, die Produktivität der Mitarbeiter zu steigern. Ihre Mitarbeiter haben Spass daran, App´s in den Social Networks zu nutzen, Blogs zu lesen etc. Was passiert also, wenn Sie diesen Enthusiasmus auf Ihre internen Strukturen übertragen?

Die Schnelligkeit und das Ausmass, mit dem soziale Technologien von Konsumenten angenommen werden, ist unglaublich. Und trotzdem fällt es Firmen extrem schwer, hier mitzumischen und Social Media richtig zu nutzen. Fast jede menschliche Interaktion, die elektronisch ausgeführt wird, kann "Social" sein, aber nur 5% von allen potenziellen Nutzungen finden bereits in den Social Media Netzwerken statt.

In einem Report des McKinsey Global Institute werden 10 Möglichkeiten erläutert, wie soziale Technologien Einsparungen hervorbringen können. Sie haben geschätzt, dass zwischen 900 Millionen und 1.3 Billionen Dollar alleine in den USA als Wert freigesetzt werden könnten, durch:

- Soziale Netzwerke

- Blogs

- Ratings und Bewertungen

- Ecommerce

- Diskussionsforen

- Gemeinschaftlich erarbeiteter Content

- Crowdsourcing

- Medien und File sharing

- Social Gaming

Für all diese Kategorien können Analytics angewendet

werden, sodass man Entscheidungen treffen kann, die auf besseren Grundlagen beruhen.

Zwei Drittel des vorhergesagten Werts kann durch Verbesserung der internen Kommunikation und Zusammenarbeit innerhalb der Firmen erzielt werden. Es geht darum, Firmen so zu organisieren und Probleme zu lösen, anstatt in ihnen zu ertrinken.

Zum Beispiel in einer grossen Firma: Derjenige, der die Probleme eines US Mitarbeiters lösen kann, sitzt vielleicht in Australien. Soziale Plattformen können Mitarbeiter auf diese Probleme aufmerksam machen und können dabei helfen, ihre Fähigkeiten im Bereich Technik hervorzubringen. McKinsey gibt an, dass die Implementierung von internen Social Systems die Produktivität, Probleme durch Mitarbeiter zu lösen, um 20% steigern könnte. Was für eine Möglichkeit!

Ist Ihre Firma vielleicht ein Kandidat für solch eine Social Media Anwendung? Hier ist ein Profil der perfekten Firma:

- Ein hoher Anteil an Wissensspezialisten

- Starke Abhängigkeit von Markenbekanntheit oder Verbraucherwahrnehmung

- Notwendigkeit einen guten Ruf, Glaubwürdigkeit und Vertrauen aufzubauen

- Ein digitaler Distributionskanal für Produkte und Services

- Ein experimentierfreudiger Leistungsträger oder ein innovatives Produkt/Service

Ein Beispiel: Mitarbeiter der niederländischen Regierung nutzen online Tools, um sich Büros, Konferenzräume und andere Ressourcen zu teilen. Bis zu der Umsetzung mussten die Mitarbeiter viele bürokratischen Hürden überwinden und selbst für die Reservierung eines Meetingraums eine Agentur mit einbeziehen. Eine sehr frustrierte Mitarbeiterin hat ihrem Frust auf Twitter Luft gemacht und sich dazu entschieden, eine Gruppe zu gründen, die dann ein eigenes Reservierungssystem mit einer öffentlich zugänglichen Software aufgebaut hat. Sie haben sich von Gebäude zu Gebäude vorgearbeitet. Nun sind mehr als 52 Büros und 554 Arbeitsplätze im System vorhanden- alle quer über das Land verteilt.

Essilor International ist ein weltweit tätiger Hersteller von Brillengläsern. Sie haben ein internes Trainingprogramm entworfen, das persönliche und online Schulungsformate miteinander verbindet, um Schulungen an 102 Standorten in 40 Ländern vermitteln zu können. Die

Firma sagt selber, dass der Masterabschluss, der vorher drei Jahre gedauert hat, nun in einem Jahr gemacht werden werden kann.

Rite-Solutions, eine Software-Firma, hat einen internen Ideen-Marktplatz entwickelt, der mittlerweile 15 neue Produkte hervor gebracht hat, die 20 % vom Umsatz der Firma ausmachen. Das System ist weit mehr als nur ein Ort für Brainstorming. Das Intranet verbindet die potenziellen neuen Produkte mit den nötigen Ressourcen, der Erfahrungen und der Expertisen. So können diese Ideen dann auch tatsächlich umgesetzt werden. Die internen Social Network-Seiten können Communities nutzen, um neue Produktideen zu verbessern, zu entwickeln oder für den Verkauf vorzubereiten.

Die in Mexiko ansässige Zementfirma Cemex hat eine interne Plattform für Zusammenarbeit vorgestellt, die *Shift* heisst. *Shift* hat der Firma geholfen, bei der Einführung neuer Produkt Zeit einzusparen. Aber auch, um interne Prozesse zu verbessern. *Shift* greift auf verschiedene Wissensplattformen, Blogs, Diskussionsforen und Tools für Webkonferenzen zu, um Probleme schneller zu lösen. Die Ergebnisse sind: kürzere Produktionszyklen, schnellere Bereitstellung auf dem Markt und Prozessoptimierungen.

Fünf Gründe, warum Sie Social Media nutzen sollten, auch wenn Sie es nicht wirklich möchten

Lassen Sie uns davon ausgehen, dass Sie dieses Buch aufmerksam gelesen haben, Sie haben Ihre Strategie und Ihre Marktsituation neutral analysiert, bewertet und mit den abgeleiteten Daten und Gründen entschieden, dass Sie keine Social Media Präsenz brauchen. Sie können Ihre Kunden bedienen, Ihre Konkurrenz abwehren und trotzdem lebendig, profitabel und relevant bleiben, ohne dass Social Media eine Rolle spielt. Ich bin davon überzeugt, dass es in manchen Fällen tatsächlich sein kann.

Aber so leicht lasse ich Sie nicht vom Haken. Ich gebe Ihnen 5 Gründe an die Hand, warum sie dennoch darüber nachdenken sollten, einen Social Media Auftritt zu haben; auch wenn Sie jetzt gerade dafür keine Notwendigkeit sehen.

1. Suche

Es gibt einen grossen Kampf zwischen Google und der Multi-Millionen Dollar Industrie SEO (Suchmaschinen-Optimierung). SEO-Spezialisten versuchen Google dahingehend zu beeinflussen, dass die Website ihrer Kunden ganz nach oben auf die Resultateseite kommen. Google reagiert störrisch und verändert immer wieder den Algorithmus, um sich gegen solche Einflüsse zu wehren. Darauf reagieren wieder die SEO-Spezialisten und finden neue Wege, die entsprechende Firmenpräsenz in den Suchergebnissen nach oben zu bringen. Und so geht es in ständigem Wechsel hin und her.

Eine der wohl wichtigsten und bedeutendsten Veränderungen, welche die Suchmaschinen veranlasst haben, besser auf die Userbedürfnisse zugeschnittene und relevante Suchergebnisse anzuzeigen, ist die Integration von Social Media Aktivitäten. Damit kann man nun zeigen, dass der Content tatsächlich relevant und real ist. Es ist ein wenig zu kompliziert, um hier genauer darauf einzugehen, aber wenn Sie sich für dieses Thema interessieren, empfehle ich Ihnen das Buch *Optimize* von Lee Odden.

Fast alle Veränderungen, die Google in den letzten 5 Jahren veranlasst hat, zielen darauf ab, hilfreichen und selbst generierten Content als wichtigsten Faktor für ein gutes Ranking bzw. Platzierung in den Suchergebnissen zu nutzen. Sich also im Internet einen Namen zu machen, indem man Social Media Content veröffentlicht, kann einen sehr positiven Einfluss auf das Suchmaschinen-Ranking Ihrer Firma haben. Und daraus kann fast jedes Unternehmen einen Vorteil ziehen.

2. Facebook ist das Internet
Eine gängige Frage, die ich oft im Unterricht oder Work-

shops höre, ist "Was wird das nächste Facebook sein?". Ich versuche immer zu verdeutlichen, dass es einer enormen Willenskraft und Entschiedenheit bedarf, sich von Facebook zu trennen. Das ist schliesslich der Ort, an dem alle Ihre Freunde, Fotos, Videos und Erinnerungen vereint sind.

Ich bringe dann häufig das Argument, dass es wohl einfacher ist umzuziehen, als sein Social Network zu ändern.

Eine Studie von Edison Research zeigt auf, dass mehr als 80 % aller Amerikaner im Alter von 13 bis 24 Jahren, Facebook nutzen und mehr als die Hälfte des Tages hier aktiv sind. Es gibt einfach keine andere Marke auf der Welt, die ein solches Volumen an Marktanteilen hat. Für diese Zielgruppe, die entweder schon Kunden sind oder es alsbald werden, ist Facebook das Internet.

Und das wohl beliebteste Social Network wächst weiter und das in fast allen Altersklassen, Herkunftsländern, Bildungsschichten etc. Es ist die grösste Medienmacht in der Weltgeschichte.

Ein sehr interessanter und wegweisender Trend ist dabei, dass die Anzahl an Suchanfragen auf Facebook deutlich angestiegen ist. Da die Leute sehr viel Zeit auf Facebook verbringen, nutzen sie Facebook gleich, wie sie sonst Google nutzen. Immer mehr wird Facebook DER

Marktplatz, um Leute zu finden und sich mit Firmen, Produkten, Marken und Services zu verbinden. Aus dieser Perspektive macht es vielleicht doch Sinn, sich dort aufzustellen und zu präsentieren, oder? Wir wissen ja schliesslich nicht, wohin die Zukunft uns führen wird.

3. Sozialer Beweise

Es gibt eine wirklich witzige Szene im Film „Elf" mit Will Ferrell, in der er an einem eher heruntergekommenen Coffeeshop vorbei kommt mit einem Schild, das den weltbesten Kaffee anpreist. Er stürmt mit übertriebener Freude in den Laden und ruft laut "Glückwunsch!"

Es ist wirklich ein sehr witziger Moment, aber ein generisches Beispiel dafür, wie ein sogenannter "sozialer Beweis" in der Werbung schon seit Ewigkeiten genutzt wird. Wenn wir die Wahrheit nicht kennen, orientieren wir uns an Hinweisen aus unserer Umgebung (zum Beispiel an einem Slogan im Schaufenster), die uns helfen, Entscheidungen zu treffen.

Ein sozialer Beweis ist nicht immer wahr oder genau, aber um ihn zu akzeptieren, muss er uns nur überzeugend genug erscheinen.

In meinem Buch *Return on Influence* zeige ich ein Beispiel mit dem Schauspieler Robert Young auf. Young war ein bekannter amerikanischer Radiomoderator, Film- und

Fernsehschauspieler, der den typischen amerikanischen Vater in der 50er Serie "Father Knows Best" verkörperte. In den 70ern hat er den noch bekannteren Charakter des treuen und vertrauensvollen Marcus Welby, M.D. gespielt. Er ist so mit der Rolle verbunden gewesen, dass es praktisch unmöglich war, bei seinen nachfolgenden Rollen nicht an ihn zu denken.

Trotz seines Porträts als glücklicher, etablierter Charakter hätte Robert Youngs Realität nicht gegenteiliger sein können. Er gab zu, ein schlechter Vater und Ehemann zu sein und wurde oft als verbittert beschrieben. Er litt unter Depressionen, war Alkoholiker und gab offen zu, Anfang der 90er Jahre versucht zu haben, sich umzubringen.

Und doch war Young auch in dieser Zeit einer der beliebtesten amerikanischen TV-Werbegesichter, ganz im Gegensatz zu seiner persönlichen Realität.

Marken haben sich seinen sozialen Beweis als TV-Doktor zu nutzen gemacht und haben all diese positiven Eigenschaften auf ihre Produkte projiziert, und das, obwohl der Mann im weissen Kittel ein leidender Mensch war.

Im Online-Bereich sind "soziale Beweise" vorrangig und vor allem einfach zu bekommen, weil eben jeder wichtig und unwiderstehlich erscheinen kann, selbst wenn er es nicht ist.

Es gab noch nie eine Zeit, in der man einen gewissen gesellschaftlichen Stand so einfach angenommen und auch vermarktet hat. Wörter wie "best-selling", "ausgezeichnet" oder "Experte" sind schon fast nichtssagend geworden.

Und trotzdem suchen wir auch im informationsüberfluteten Internet nach Hinweisen, um zu erkennen, wer die Nase vorn hat und wir lassen uns nur allzu leicht von der Anzahl an Twitter-Followern oder Facebook-Likes beeindrucken.

Vielleicht ist der Facebook-Like heutzutage tatsächlich der wichtigste aller sozialen Beweise. Eine grosse amerikanische Firma hat die Kosten per Click als internen Messwert definiert. Oberflächlich erscheint dies etwas leichtgläubig, dennoch zeigt es, wie strategisch wichtig dieses Symbol geworden ist.

Es erscheint vielleicht etwas abstrus, aber es ist wahr. Verschliessen Sie nicht die Augen gegenüber der Bedeutung von Social Media für die sozialen Beweise und Ihre Autorität gegenüber den Kunden.

4. Das Problem der Fachmessen
Mussten Sie schon einmal den Stand auf einer grossen Branchenmesse betreuen? Ich ja, und ich kann Ihnen sagen, ich habe es nicht genossen. Es war gut zum Netz-

werken mit anderen Leuten aus der gleichen Branche und vielleicht auch um mit dem einen oder anderen Kunden zu reden, aber es war definitiv keine effiziente Nutzung meiner Zeit.

Dies umso mehr, als dass für diese Marketingaktivität Zehntausende Dollar ausgegeben wurden, wir kaum etwas verkauft oder gelernt oder einen Mehrwert für unsere Firma geschaffen haben. Wir haben nur schöne Stifte verteilt.

Und warum haben wir das getan?

Weil die Leute denken könnten, es würde etwas nicht stimmen, wenn wir nicht präsent wären.

"Fragen Sie sich auch, warum Ajax Printing dieses Jahr nicht vertreten ist? Vielleicht haben sie finanzielle Probleme."

"Ich frage mich, ob Ajax nicht zur Messe gekommen ist, weil sie sich aus der Branche zurückziehen?"

"Ajax nimmt dieses Jahr nicht an der Messe teil. Als ihr grösster Konkurrenz können wir uns das zum Vorteil machen!"

Eine ähnliche Botschaft signalisieren wir, wenn wir nicht

bei Facebook oder Twitter zu finden sind. "Ajax Printing ist nicht auf Facebook? Vielleicht verstehen sie es einfach nicht." Die Sharingbuttons auf Ihrer Website zu haben ist quasi die neue "Messebeteiligung" im Social Web. Sie sollten da besser präsent sein - selbst wenn Sie ihre Zeit anderweitig nutzen möchten.

5. Social Media ist die Zukunft der Kommunikation

Viele grosse Universitäten haben aufgehört, mit ihren Studenten per Mail zu kommunizieren. Statt dessen haben sie Facebook-Gruppen eingerichtet, um Diskussionen zu führen und Aufgaben zu verteilen.

Die Generation „Internet" – Ihre künftigen Angestellten, Kunden und Konkurrenten ziehen es vor, Social Media zu nutzen, um mit Ihnen zu kommunizieren. Es ist die natürliche Evolution der Kommunikation. Sie geniessen es vielleicht, morgens eine Ausgabe des Wall Street Journal zu lesen und danach ein wenig im Internet zu surfen. Fast die Hälfte aller Amerikaner unter 21 geben an, Facebook als ihre Nachrichtenquelle zu nutzen.

Das Social Web ist der neue Marktplatz, auf dem Generationen sich miteinander verbinden, lernen und neue Dinge entdecken. Wenn Sie dies ignorieren, könnte das ein Nachteil für Sie sein!

Mir ist bewusst, dass dies ein wirklich langes und komplexes Kapitel war, also fasse ich noch einmal zusammen: Brauchen Sie wirklich eine Social Media Strategie?

- Social Media ist vielleicht noch die einzige Möglichkeit für Ihre Firma, um auch im digitalen Zeitalter mitzumischen.

- Ihre Geschäftsstrategie präzise zu definieren und die "Nur wir..."-Fragen zu beantworten, ist ein wichtiger erster Schritt, um zu beurteilen, wie ausgeprägt Ihre Social Media Präsenz sein sollte.

- Social Media kann noch vieles mehr, als nur ein Kommunikationsmittel im Marketing-Mix zu sein. Sie können es in die PR und im HR einbauen, Kosten sparen, sich mit Meinungsmachern verbinden, Ihren Kundenservice ausbauen, interne Prozesse gestalten und verbessern, Ihr Image pflegen und auch neue Ideen für Produkte und Services testen.

- Auch in regulierten Branchen gibt es Möglichkeiten, Social Media sinnvoll einzusetzen.

- Das grösste Potenzial haben Social Technologies für interne Prozesse einer Firma.

- Zum Schluss haben wir 5 strategische Gründe diskutiert, warum es sich lohnt, Social Media anzugehen..

Vielleicht habe ich Sie an diesem Punkt überzeugt, dass Social Media etwas für Sie sein könnte. Aber jetzt kommt die Frage der finaziellen Kosten!

Fragen, die Führungskräfte berücksichtigen sollten:

1. Beginnen wir am Anfang: Haben Sie eine Firmenstrategie? Können Sie Ihre "Nur wir.."-Fragen beantworten?

2. Wissen wir, was unsere Kunden und Konkurrenten im Social Media machen? Wenn wir dies nicht in den letzten 6 Monaten ausgewertet haben, tun wir es jetzt.

3. Gibt es eine Möglichkeit, uns durch eine Social Media Präsenz (vom Mitbewerber) abzuheben, selbst wenn wir in einer regulierten Branche tätig sind?

KAPITEL 8

Wie viel sollten wir für Social Media Marketing ausgeben?

Es ist immer frustrierend, eine solche Frage beantworten zu müssen, weil es einfach keine passende Antwort gibt! Tatsächlich ist die Antwort auf solche Marketingfragen: "...es kommt darauf an!".

Eine Marketingstrategie – und das nötige Budget – wird von den Zielen Ihrer Firma und der Konkurrenzsituation bestimmt. Ich hoffe, dass Ihnen einige der bereits vorgestellten Ideen geholfen haben, sich inspirieren zu lassen, wie man die Technologien einsetzen kann, um die gesetzten Ziele zu erreichen.

Um die Frage nach der Budgetierung zu beantworten, müssen Sie sich mit den folgenden Fragen auseinandersetzen:

- Funktionieren Ihre aktuellen Marketingprogramme und die traditionellen Kanäle noch? Gibt es eine Zielvereinbarung für das kommende Jahr?

- Wie versorgen sich Ihre Kunden mit Informationen? Wie verändert sich deren Informationsbeschaffung?

- Wie verändern Sie die demografischen Daten Ihrer Firma?

- Nutzen Ihre Konkurrenten Social Media? Wenn ja, wie? Wenn nicht, kann es für Sie eine Möglichkeit sein, sich vom Mitbewerber abzuheben?

- Wie viel Prozent vom Budget können genutzt werden, um ein wenig im Bereich Social Media zu experimentieren?

Haben wir bereits Content oder können wir jemanden abbestellen, der unsere Social Media Präsenz aufbaut oder müssen wir sogar einen anderen Weg finden?

- Welches Risiko besteht darin, es jetzt nicht zu tun und es zu verschieben? Welchen Vorteil hat es für uns im Bereich Social Media, eine Kernkompetenz aufzubauen?

Um Chancen aus dem Social Media Engagement wirklich nutzen zu können (egal wie hoch oder komplex dieses Engagement ist) glaube ich daran, dass eine Firma die Budgetierung konstant und langfristig ansetzen muss.

In einem traditionellen Model würde eine Marketingabteilung mit einer Agentur zusammenarbeiten. Die Agentur macht einen Vorschlag, bekommt den Auftrag und übernimmt das Kreative. Wenn die Werbung oder die Strategie Fahrt aufnimmt, werden die Bekanntheit und eventuell auch die Verkäufe grösser bzw. nehmen zu. Aber wenn die Kampagne vorbei ist, nimmt die Bekanntheit ab, und die Verkäufe gehen wieder zurück. Dieser Prozess sollte dann ständig wiederholt werden, sodass es ein konstantes Level an Werbung gibt. So kann dauerhaft Aufmerksamkeit erreicht werden.

In einem Social Media Marketingmodel würden wir mit Tests beginnen, eine Organisationsstruktur erschaffen, die richtige Social Media Technologie für unsere Firma ausfindig machen und mit dem Erschaffen von Content beginnen. Anfangs sind die Abläufe vielleicht noch etwas unorganisiert, aber man wird stets effizienter. Die Ausgaben gehen nicht hoch und runter wie bei traditionellen Kampagnen. Die Verbindungen zu den Kunden und den Ansprechpersonen bauen wir mit der Zeit auf, sodass wir nicht allzu viel Geld ausgeben und vor allem gleichbleibende Ausgaben in jedem Monat haben.

Wenn Sie im Bereich Social Media oder Contentmarketing aktiv werden, sollte dieses Engagement dauerhaft sein. Es ist unwahrscheinlich, dass Ihre ersten Blogeinträge oder die ersten Facebook-Updates schon einschlagen wie eine Bombe. Der Fokus sollte darauf liegen, dauerhafte Beziehungen aufzubauen, indem man immer wieder kleine Anregungen gibt, die dann dazu führen, dass man einen Wiedererkennungswert erzeugt und so die Aufmerksamkeit gewinnt und so grössere Interaktionen ausgelöst werden, wie zum Beispiel ein Verkauf.

Das sind die Grundvoraussetzungen, die man bedenken muss, vor allem bei der jährlichen Budgetierung. Noch einmal: Es gibt keine Strategie, die für alle richtig ist oder ein Budget, dass für jede Firma richtig ist. Ich hoffe, dass Ihnen die folgenden grundlegenden Ideen helfen, die richtige Entscheidung zu treffen.

Wie können wir die benötigte Zeit aufbringen?

Das ist nicht nur irgendeine Frage. Für viele Firmen ist dies „die Frage aller Fragen". Die Ressourcen, die es braucht, um dauerhaft im Social Web aktiv zu sein, erscheinen enorm.

Lassen Sie mich Ihnen ein Beispiel geben, wie Social Media sogar helfen kann, Zeit einzusparen.

Als ich meine eigene Firma gegründet habe, schienen Networking-Events die einzige Option zu sein, um Kundenkontakt aufzubauen und daraus Aufträge zu generieren. Treffen der Handelskammer, Network "Speed Dating", Messen, internationales Networking mit Firmen.

Ich habe es verabscheut, und es hat viel Zeit gefressen: Sich vorbereiten, zum Meeting fahren, Hände schütteln mit Leuten, die mir irgendwelche Dinge verkaufen wollten wie Teppichreinigung oder Ungezieferentfernung. Kalte Sandwiches. Langweilige Redner. Die Rückfahrt ins Büro. Klingt das irgendwie bekannt für Sie?

Ich habe natürlich viele Leute getroffen, aber die haben alle versucht, mir auch etwas zu verkaufen. Ich habe einige kleine lokale Firmen gewinnen können; aber die waren strategisch noch nicht so weit, wie ich mir das gewünscht hätte. Sie brauchten jemanden, der ihnen Schilder entwerfen, aber nicht jemanden, der eine Firmenstrategie entwickeln kann. Wäre ich auf dem Niveau geblieben, hätte ich sicherlich Geld verdienen und davon gut leben können, aber ich wollte mehr.

Ich hatte Glück, dass diese Zeit in meinem Leben mit dem Beginn von Twitter zusammenfiel. Ich habe es am Anfang gehasst. Den ersten Tweet, den ich jemals gelesen habe, war "Es ist vier Uhr morgens" Dies bestätigte meinen Eindruck, dass dies eines der dümmsten Dinge war, die jemals auf den Markt gebracht wurden.

Aber um tatsächlich ein Berater und ein Lehrer zu sein, musste ich mich damit beschäftigen und versuchen zu verstehen, was dahinter steckte. Twitter ist eigentlich relativ simpel, aber ich habe 4 bis 6 Monate gebraucht, um es wirklich zu verstehen. Und ich lerne noch heute jeden Tag etwas dazu.

Social Media als Networking-Revolution

Als ich verstanden habe, was Twitter tatsächlich bedeutet, haben mich die Menschen, der Humor und der Geist der sie umgab, gefesselt.

Ich habe mich mit Leuten vernetzt, die ich vor ein paar Jahren nicht hätte kennenlernen können. Viele von diesen Verbindungen wurden zu Freundschaften. Die Freundschaften fanden dann auch irgendwann offline statt und man telefonierte oder traf sich für Meetings. Die Synergien wurden von Tag zu Tag grösser und schon bald starteten gemeinsame Projekte, ich habe über Twitter Freelancer angestellt und ich habe anderen geholfen, einen Job zu finden.

Und das beste daran war, dass ich das alles von daheim aus machen konnte, ohne das ich herumfahren musste für Meetings. Und es hat mir Spass gemacht.

Als ich die Vorteile und Ergebnisse vom Twitter-Networking erlebt habe, habe ich aufgehört, zu den teuren und langwierigen Meetings zu gehen. Heute habe ich eine blühende internationale Firma, die fast ganz durch Social Networking aufgebaut wurde. Meine drei grössten Kunden, 5 von den wichtigsten Geschäftspartnern und meine Lehrtätigkeit an der Rutgers University, haben sich alle durch Kontakte ergeben, die ich im Social Media geknüpft habe.

Viele Leute sind überfordert, wenn sie sehen, wie viel Zeit man in den sozialen Netzwerken verbringen kann. Aber vergleichen Sie es mal mit der Zeit, die Sie im "realen Leben" mit Networking verbringen? Alleine in der Zeit, in der ich üblicherweise in meinem Auto gesessen habe, schreibe ich nun meine Blogbeiträge für eine Woche oder verbringe die Zeit damit, neue Twitterverbindungen aufzubauen.

Ihr eigenes Handeln überdenken

Um die Social Media Reise anzutreten, müssen Sie zunächst die Art, wie sie Geschäfte machen, ein wenig ändern. Das ist natürlich nicht einfach. Aber vielleicht ist es einfach an der Zeit, ein paar Anpassungen vorzunehmen.

Ich habe einen Kunden, der ca. $70´000 monatlich für ganzseitige Zeitungsanzeigen ausgibt. Erst kürzlich hat mir die Marketingleiterin erzählt, dass sie das Gefühl habe, dass diese nicht mehr so erfolgreich sind wie früher. Überrascht Sie das?

Eine andere grosse Ingenieurfirma produziert immer noch jeden Monat Hochglanz-Firmenmagazine. Warum? Damit Leute sie direkt in den Müll werfen können? Wenn Sie es online stellen, lebt der Content quasi für immer. Die Marketingleitung dieser Firma hat Angst, die Leute zu zwingen, etwas zu ändern, und hat erheblichen Respekt vor den Konsequenzen, jemandem vor den Kopf zu stossen. Für mich alles nur Ausreden.

Setzen Sie ihr Marketingbudget hoch an und schauen Sie dann, wo Sie wirklich präsent sein müssen. Es ist nicht fair Ihren Mitarbeitern gegenüber, einfach immer nur mehr Arbeit anzuhäufen. Fragen Sie sich, was überflüssig ist. Wenn Sie zum Beispiel nur 25% der $70´000 des monatlichen Zeitungsanzeigen-Budgets in Social Media

Marketing investieren würden, hätten Sie einen überaus guten Start.

Die Notwendigkeit von Ressourcen

Wenn es eine Budgetempfehlung für alle Bereiche, Firmen und Branchen geben würde, wäre es die Folgende: Geben Sie das Geld (vor allem am Anfang) für Know-how und die benötigten Ressourcen aus.

Kleine oder mittelgrosse Firmen treffen vielleicht die Entscheidung, dieses Know-how auszulagern. Zumindest für eine Weile bis die Entscheidung getroffen werden kann, ob es eine zentrale Stelle für dieses Aufgabengebiet geben muss. Sich nun auf eine Social Media Marketing Strategie zu konzentrieren, ist eine grosse Veränderung und eine ebenso grosse Herausforderung. Es ist unwahrscheinlich, dass Sie die dafür benötigen personellen Ressourcen bereits haben. Es ist angebracht, sich Hilfe von aussen zu holen, um sich schnell in das Thema einzuarbeiten. Am Ende sparen Sie damit wohl auch noch Geld.

Grosse Firmen möchten wohl eher einen internen Community Manager, der dann die Content-Strategie und die Engagement-Strategie betreut. Mit der Zeit braucht man vielleicht noch mehr Ressourcen, um mit der Community zu kommunizieren, die Daten und Erfolge zu messen, Content zu kreieren, Customer Service, Reporting und andere Funktionen zu handhaben. Aber als Minimum-Voraussetzung braucht jede Firma jemanden, der die Rolle des Community-Managers innehat.

Die besten Community-Manager sind wie gute Eventplaner oder Partyveranstalter. Sie verbinden Leute miteinander, heissen Gäste gebührend willkommen, regen immer wieder Gespräche an und verabschieden jeden mit einem Lächeln. Sie berücksichtigen das Ambiente eines Veranstaltungsortes und konzentrieren sich auf die Bedürfnisse jedes Einzelnen. Und wenn doch etwas schief geht, dann müssen sie eine Lösung finden ohne dabei in Panik zu verfallen.

Kommunikative Kompetenz gehört zu den wichtigen Fähigkeiten eines erfolgreichen Community-Managers. Das schliesst auch die Fähigkeit zum Zuhören mit ein. In der Unternehmenskommunikation schwingt immer auch etwas Persönliches mit; also sollte man auf diesen Aspekt achten, denn das ist die Online-Stimme Ihres Unternehmens.

Community-Manager sind sowohl Verteidiger als auch Fans. Das ist schwierig, aber die Loyalität eines Community-Managers liegt bei seinem Arbeitgeber. Und doch muss er oder sie die Stimmen der Kunden und Stakeholder so einfangen, dass die Firma versteht, wie die Stimmung ist, was die Bedürfnisse der Leute sind, und was der Kunde erwartet. Und der Community-Manager muss dann auch noch verstehen, wie er mit den Kunden kommunizieren kann, ohne dass diese das Gefühl haben, dass er ihnen eine PR-Mitteilung vorliest.

Auch haben Community-Manager die Verantwortung dafür, Kennzahlen zu erfassen und Reports zu erstellen, sodass die Bemühungen in Werte umgerechnet werden können. Die Besten in diesem Fach verstehen genug von BWL und Management, um die Social Media Bemühungen immer wieder den Bedürfnissen der Firma anzupassen. Vernachlässigen Sie bei der Auswahl also nicht, dass Community-Manager starke analytische Fähigkeiten mitbringen müssen.

Ich empfehle Ihnen ausserdem, dass Ihre Firma ein Social Media Lead Team aufbaut, in dem auch die Manager vertreten sind. Aber natürlich auch der Community Manager und vielleicht jemand aus dem Bereich Public Relations, IT oder der Rechtsabteilung.

Der Grund für dieses Lead-Team ist die Sicherstellung der nötigen Ressourcen, Hilfestellung und Unterstützung, um den Firmen-Kulturwandel aktiv umzusetzen.

In der ersten Phase sollte sich das Team mindestens einmal monatlich für 2 Stunden treffen. Die Frequenz und der Zeitaufwand wird reduziert, wenn die Veränderungen angelaufen sind. Das Lead Team soll:

- Monatliche Kennzahlen beobachten und bewerten

- Ressourcenprobleme lösen

- Unterstützung und Anerkennung für die Veränderungen zeigen

- Ihre Vorreiterrolle demonstrieren, sowie Interesse an digitalen Themen zeigen

- Die Social Media Policy der Firma überarbeiten und verbessern

- Den Zeitrahmen für neue Projekte festlegen

Das Lead Team würde auch die Aufgaben des Community-Managers übernehmen, wenn dieser die Firma verlässt.

Fokus

Viele Leute vergeuden ihre Zeit damit, in den Social Media jeden neuen Trend zu verfolgen und bei jeder neuen Entwicklung mitzumachen.

Wir wollen nichts verpassen und deshalb verbeissen wir uns in jede Neuerung, die das Web für uns bereit hält. Ich möchte hier nur ein paar dieser Social Media Technologien der letzten 10 Jahre vorstellen:

- Meerkat

- Path

- Foursquare

- Quora

- Empire Avenue

- Ello

Ello war eine Weile so angesagt, dass Leute Einladungen auf eBay verkauft haben. Aber heute kennt es niemand mehr. Tatsache ist, dass 98% vom Social Media Marketingbudget für die Top Social Channels reserviert sind. Es scheint zwar so, als wäre die Entwicklung in diesem Bereich enorm schnell, aber tatsächlich braucht es eine ganze Weile, bevor eine Plattform alltagstauglich und von der Mehrheit genutzt wird.

Die Kanäle ändern sich nur sehr langsam, aber die Anwendungen verändern sich quasi mit Lichtgeschwindigkeit. Darauf sollte also der Fokus liegen. Hechten Sie nicht jeder neuen Plattform nach – lassen Sie das andere machen. Konzentrieren Sie sich auf die neuen Anwendungen, die Ihnen helfen, das Meiste für Sie rauszuholen.

Gehen Sie einen Schritt nach dem anderen

Ich möchte gerne das Kapitel mit einer Geschichte von einem jungen Mann abschliessen, der genau da stand, wo Sie gerade stehen: eine Social Media Präsenz zu starten mit eingeschränktem Budget und wenig Erfahrung.

Bill Piper war einer meiner Studenten und hat seit dem einige tolle und grosse Dinge im Bereich Social Media und Marketing gemacht. Ich mag seine bedachte und akribische Herangehensweise. Hier ist seine Geschichte:

> Vor einigen Monaten hat man mir die Verantwortung für die Digitalisierung der Firma übertragen. Ich hatte keine Ahnung, was ich machen sollte oder wie ich es angehen sollte.

> Ich bin ein junger Marketingtyp und ich persönliche nutze Social Media sehr gerne, aber alles was ich zum Thema digitales B2B-Marketing wusste ist, dass es wirklich in die Hose gehen kann. Ich arbeite für eine innovative IT-Firma und die Idee war, Social Media genauso zu machen: innovative und herausragend gut.

Da ich vollkommen am Anfang stand, wusste ich, dass ich einen standhaften Plan brauchte mit ausführbaren Aktionen und Aufgaben und vor allem Hilfe von jemanden, der schon da ist, wo ich hin wollte. Also habe ich mich bei Mark´s Social Media Marketing Unterricht angemeldet und habe gelernt, wie man einen nachhaltigen Prozess zum Erreichen der Firmenziele aufbaut.

Am Anfang des Jahres haben wir angefangen, unsere Strategie umzusetzen und haben mit Bloggen, SEO und ein paar Social Media Aktivitäten begonnen. Wir haben es nicht wirklich perfekt gemacht. Und wir haben nichts Aussergewöhnliches geschaffen. Aber das Tolle ist – es hat funktioniert!

Durch Social Media konnten wir Sales Leads gewinnen, Umsatz machen und unsere Marke stärker positionieren.

Ich bin kein Experte, aber ich habe mal ein paar Dinge aufgeschrieben, die für mich funktioniert haben, als ich Dinge tun musste, von denen ich wenig Ahnung hatte.

Zeichnen Sie sich durch Bescheidenheit aus – Für die meisten von uns sollte gelten, dass ein ehrlicher und objektiver Blick auf uns selbst eine bescheidene Haltung ermöglichen sollte. Das Schwierige daran ist, dass dies nicht immer einfach ist. Um erfolgreich zu sein, suchen Sie sich Leute die qualifizierter und besser sind in ihrem Job als Sie, und fragen Sie so viel als möglich. Wer ist der Mark Schaefer in Ihrer Firma? Es gibt viele Gurus auf der Welt, aber wer kann mit Ihnen zusammen arbeiten und wer weiss vor allem wirklich, was er/sie da macht? Natürlich wollen wir alle klug wirken, aber jemanden um Hilfe zu bitten und dabei einen bescheidenen Eindruck zu machen, kann der grösste Erfolg sein, in dem Prozess sich fachlich weiter zu entwickeln.

Fokus. Konzentrieren Sie sich auf eine Fähigkeit nach der anderen – Wenn man den Umfang von digitalen Strategien bedenkt, gibt es viel zu lernen und viele Erfahrungen zu machen, um erfolgreiches Marketing zu betreiben. Was sind die 3 wichtigsten Fähigkeiten, die Sie entwickeln müssen? Arbeiten Sie ein Punkt nach dem anderen ab, und gehen Sie erst dann das nächste Thema an, wenn Sie wirklich gut sind. Für mich hat es Sinn gemacht, mich näher mit Suchmaschinenoptimierungs-Möglichkeiten zu beschäftigen: erst SEO; dann Bloggen, dann Twitter und so weiter. Und ich lerne immer noch.

Seien Sie engagiert und entschieden – Ohne Erfahrung und mit der Angst vor Entscheidungen ist es leicht, sich zu verzetteln. Wenn Sie sich unsicher sind, finde ich es wichtig, dass Sie die beste Entscheidung treffen, die Sie mit den verfügbaren Informationen und zum jeweiligen Zeitpunkt treffen konnten. Man akzeptiert, dass man nicht alles weiss, und plant einfach ein, dass man Veränderungen vornehmen muss, sobald man die nötigen Informationen bekommt. Ich persönlich konnte in dem Moment nicht perfekt sein, aber ich konnte sicherstellen, dass ich mich stetig weiter entwickelte.

Sie müssen nicht perfekt sein, um Ihre Aufgaben im Bereich Social Media auszuführen. Wir lernen alle noch und es gibt mit Sicherheit viele Dinge, die ich machen müsste, aber von denen ich noch nie etwas gehört habe. Am Ende des Tages bin ich zufrieden mit dem wo ich stehe, solange die Ergebnisse gut sind und auch weiterhin gut bleiben.

Was ich von Bill gelernt habe, ist fokussiert zu sein, klein anzufangen, um Hilfe zu bitten und immer weiter zu lernen. Für viele Firmen sollte das der richtige Ansatz zum Budgetieren sein und so, langsam aber sicher, ihren Weg im Digitalen Marketings zu finden.

Fragen, die Führungskräfte berücksichtigen sollten

1. Ist der Zeitpunkt gekommen, an dem wir noch einmal darüber nachdenken müssen, wie wir unsere Marketinggelder ausgeben? Hat sich etwas an unserer Effektivität verändert?

2. Wie viel von unserem Budget kann aktuell ins Social Media Marketing investiert bzw. umgeschichtet werden?

3. Wenn wir uns nur auf ein Gebiet konzentrieren können, da aber richtig gut werden könnten, worauf sollten wir uns fokussieren?

KAPITEL 9

Was machen wir mit all diesen negativen Kommentaren?

Einer der am meisten geäusserten Bedenken von Business Leadern hinsichtlich Social Media Aktivitäten ist das Risiko, ihre Firma öffentlicher Kritik auszusetzen. Das ist nachvollziehbar in einer Welt, in welcher jeder seine Meinung veröffentlichen kann. Lassen Sie uns dieses Thema etwas genauer anschauen.

Vor ein paar Jahren erhielt ich den Auftrag, den Kundendienst einer grossen Firma neu auszurichten. Während dieser Zeit suchte ich auch im Internet nach Artikeln oder Berichten zu diesem Thema und wurde fündig: Das relevanteste Dokument kam von der Universität Michi-

171

gan. Ein Team von Wissenschaftlern analysierte das Aufwand/Ertragsverhältnis beim Versuch, einen 100%-ige Kundenzufriedenheit zu erreichen.

Die Studie kam zu zwei Schlüssen:

1. Die Kosten einen unzufriedenen Kunden zufriedenzustellen, sind normalerweise recht tief. Denn reagiert man schnell und richtig, dann bekommt der unzufriedene Kunde die Aufmerksamkeit und Lösung, welche er in einem solchen Moment erwartet. So weit, so gut.

2. Die andere Erkenntnis war, dass rund 2% aller unzufriedenen Kunden Personen (sogenannte „Hasser") sind, die sich nie zufriedenstellen lassen - unabhängig davon, was eine Firma für sie unternimmt. Sie versuchen einzig und alleine, so viele Rabatte und zusätzliche Annehmlichkeiten rauszuholen wie nur möglich. Und jeder Versuch, Ihnen entgegenzukommen, motiviert diese, noch mehr zu fordern.

Der Schluss daraus war folgender: Es ist wirtschaftlich gesehen unlogisch eine 100%-ige Kundenzufriedenheit erreichen zu wollen. Es müsste ein unverhältnismässig grosser Teil der Ressourcen dafür aufgewendet werden, um diese 2% der Kunden zufriedenzustellen. Kunden, welche sich nicht zufriedenstellen lassen wollen! Daher können Sie diese getrost vergessen. Es ist zu teuer, sich um diese zu kümmern.

Aber leider ist es heutzutage nicht ganz so einfach. Denn wir leben in einer Zeit, wo jeder (auch diese 2%) veröffentlichen, posten oder tweeten können, was sie wollen. Und es sind gerade diese 2%, die bei Negativnachrichten besonders aktiv sind. Sie können sogar die Kontrolle über eine Online-Konversation übernehmen!

Haben Sie Ihre Firma im Griff?

Wenn Sie gute Produkte und einen gut funktionierenden Kundenservice haben, werden nicht viele Kunden Sie „hassen". Bei einer Firma in der Tourismusbranche wurde festgestellt, dass nur 0.02 % aller Facebook-Kommentare negativ waren. Wir reden hier also von einigen wenigen Personen, die kontrollierbar sind- wenn Sie die Prozesse Ihrer Firma im Griff haben.

Was ist aber, wenn in solchen Fällen die Prozesse nicht greifen?

Eines der Themen in diesem Buch ist es aufzuzeigen, wie wichtig es ist eine effiziente Organisationskultur zu entwickeln, die es Ihren Mitarbeitern erlaubt, rasch und offen im sozialen Netz agieren zu können. Eine solche Kultur zu erreichen, ist aber nicht immer einfach. Lassen Sie mich hier die richtige Vorgehensweise aufzeigen.

Die Social Media Richtlinien

Ein Hauptelement zur korrekten Ausrichtung Ihre Firmenprozesse hinsichtlich Social Media ist die Errichtung von Social Media Richtlinien. Diese sind wichtig, um Ihren Mitarbeitern Leitlinien an die Hand zu geben, um Handlungsspielräume und Grenzen klar zu definieren; und um Handlungssicherheit herzustellen.

Dabei ist nicht die Grösse Ihrer Firma ausschlaggebend. Diese Richtlinien dienen dazu, sowohl Ihre Firma als auch Ihre Mitarbeiter zu schützen. Solche Richtlinien zu erstellen ist keine aufwendige Sache, die sich wie viele andere Vorschriften in Ihrem Unternehmen auf Eventualitäten beziehen, deren Eintrittswahrscheinlichkeiten erheblich geringer sind. (Zum Beispiel für das Verhalten bei Erdbeben etc.)

Die folgenden Themenbereiche sollten in Ihren Richtlinien enthalten sein.

- Wer kann im Namen der Firma veröffentlichen? Wann, wo?

- Gesetzliche Rahmenbedingungen

- Wer administriert die Konten?

- Wer ist für den Content verantwortlich?

- Was können Mitarbeiter von zu Hause veröffentlichen?

- Erwartungen an das Online-Regelwerk formulieren.

- Generell Verantwortungen festlegen.

- Praktische Beispiele und Erläuterungen für Regeln und Grenzen beschreiben.

- Richtlinien oder Handlungshinweise aufführen, welche beachtet werden müssen, wenn ein Social Media Notfall eintritt.

Über diese Themen wurde bereits viel geschrieben und daher gibt es auch viele Websites, die Ihnen bei der Erstellung von Richtlinien helfen können. Geben Sie in Ihrer Suchmaschine einfach die Wörter „Soziale Medien" und „Unternehmensrichtlinien" ein, und Sie werden sicherlich fündig werden. Achten Sie darauf, dass sie diese Richtlinien auch in Schulungen, Lehr- und Ausbildungsgängen Ihres Unternehmens integri-

eren. Überprüfen Sie die Richtlinien mindestens alle
6 Monate.

Schützen Sie sich vor Negativem

Gute Social Media Richtlinien können Ihnen dabei helf-
en, Ihre Mitarbeiter zu diesem Thema erfolgreich zu
führen, aber sie schützen Ihre Firma nicht vor einem
schlechten eigenen Kundenservice. Daher schauen Sie,
bevor Sie in den sozialen Medien aktiv werden, dass Ihr
Kundenservice gute Arbeit leistet. Ansonsten werden Sie
schnell zur Zielscheibe von negativen Kommentaren.
Ich gebe Ihnen ein Beispiel:

Ich arbeitete einst mit einer Firma, die praktisch vor
Angst gelähmt war, negative Kommentare zu erhalten.
Sie waren so ängstlich, dass sie aufgrund dieses Verhalten von einigen Konkurrenten überholt und dadurch
die Investoren nervös wurden. Sie fragten mich daher
um Hilfe bei der richtigen Strategie.

Gesagt, getan. Ich ging am ersten Tag in Ihre Kunden-
serviceabteilung, um mich dort etwas umzuhören und
zu schauen, wie dort gearbeitet wird. Und was ich dort
erfuhr, schockierte mich.

Der Kundendienst arbeitete zwar höchst effizient und

war gut trainiert beim Abarbeiten von normalen Kundenanfragen. Aber wenn es grössere Problem gab, kamen die Dinge ins Stocken. Wenn eine kompliziertere Anfrage an einen Vorgesetzten weitergegeben werden musste, wartete der Kunde im Durchschnitt 10 Minuten auf eine Rückmeldung. Es kam sogar des Öfteren vor, dass Kunden bis zu 30 Minuten in der Warteschleife gehalten wurden (wenn sie vorher nicht aufgelegt haben). Um diese Beobachtungen quantitativ zu untermauern, starteten wir mit der Sammlung von Daten über ein paar Monate hinweg. Und es war ziemlich schnell offensichtlich, dass die Firma mit diesen Prozessen dabei war, Tausende von „Hassern" zu produzieren.

Ich möchte hierbei betonen, dass dies eine grossartige und gut geführte Firma ist. Aber Ihre Prozesse waren teilweise antiquarisch und nicht an die neuen digitalen Gegebenheiten angepasst. Vor der Zeit von Social Media hatten diese recht gut funktioniert, aber in Zeiten von Facebook & Co mussten diese angepasst werden, denn jeder unzufriedene Kunde in der Warteschleife ist ein potenzieller „Social Media Terrorist".

Was denken Sie? Was machen manche Kunden während sie in der Warteschleife „hängen"? Sie beschweren sich auf Facebook oder Twitter!

Daher war mein Rat an die Firma, zuerst die Probleme

im Kundendienst zu lösen und erst dann Ihre Facebook-Seite zu starten. Das taten sie dann auch.

Einer anderer meiner Kunden brachte ein neues Produkt auf den Markt, welches ein sensationeller Erfolg wurde. Die Kehrseite dieses Erfolges war, dass er innert kürzester Zeit personell sehr schnell aufstocken musste, um der hohen Nachfrage gerecht zu werden und die Bestellung rechtzeitig zu versenden. Die Firma war stolz auf die Tatsache, dass 98% Ihrer Pakete termingerecht ankamen.

Klingt beeindruckend, nicht? Aber sind 98 % gut genug in Zeiten von Social Media?

Die Firma versandte 2 Millionen Pakete pro Monat. Auch wenn nur 2 % aller Versendungen zu spät ankamen, so waren immerhin 40'000 Menschen unglücklich. Wir haben ja oben gesehen, dass diese Kunden alle potenzielle „Hasser" werden könnten. Wenn man nun von 2 % unzufriedenen Kunden ausgeht, so bedeutet das JEDEN Monat durchschnittlich 800 neue „Hasser".

Sie gehen jetzt davon aus, dass diese Personen Ihren Unmut über Facebook und Twitter bekanntmachen, oder?

Genau das passierte.

Sie beschwerten, beschwerten und beschwerten sich. Es war grausam. Die Firma wurde derartig mit Beschwerden über die sozialen Medien überflutet, dass deren Kundenservice nicht mehr nachkam - was das Ganze noch schlimmer machte. Innert weniger Wochen wurde Ihre Facebook Seite toxisch.

Die Mitarbeiter wussten nicht mehr weiter. Mein Rat in dieser Situation? Facebook Seite deaktivieren, das Versandproblem lösen und das Aufsetzen eines Kundenservice, der mit Beschwerden aus dem Sozialen Media Bereich professionell umgehen konnte. Das war der einzige, realistische Weg. Diese Realität muss man akzeptieren und damit umgehen können. Man muss sich damit arrangieren und sich anpassen.

Zusammengefasst: Sie müssen Ihre Firma hinsichtlich Social Media im Griff haben. Wenn nicht, wird das Social Web dafür sorgen, dass Sie Ihren guten Ruf schnell verlieren.

Vergessen Sie die Regel Nummer 1 nicht

Auch wenn Sie alle Prozesse im Griff haben, können Fehler passieren.

Heutzutage können selbst kleine Dinge einen enormen

Schaden anrichten, wenn Sie nicht korrekt angegangen werden.

Für die allermeisten Firmen sind Beschwerden DIE Möglichkeit, aufzuzeigen, wie kundenorientiert sie sein können: Die Beschwerde wird gehört, man entschuldigt sich und findet meist eine Lösung, die den Kunden wieder zufriedenstellt.

Ja, solche Kunden können sogar ein Geschenk für die Firma sein! Die Kunden weisen einen von selber auf die eigenen Fehler hin, die man nicht gesehen hat und bekommt so die Möglichkeit, sich generell zu verbessern. Das ist doch eine gute Sache, richtig?

Wenn Sie sich für eine unterstützende und menschenorienterte soziale Präsenz entscheiden, dann werden Ihre Kunden dies merken und Sie auch gegen aufkommende „Hasser" verteidigen. Ich konnte dies selbst erleben, als ein berühmtes Restaurant in der Presse wegen eines mangelhaften Gesundheitsreports zerrissen wurde. Einer der Hasser drückte sein Unmut auf der Facebook-Seite des Restaurants aus. Aber er beschränkte sich nicht darauf, einfach ein paar schlechte Kommentare zu hinterlassen, sondern er versteifte sich regelrecht darauf.

Das Restaurant reagierte schnell und einfühlsam. Sie haben die Situation erklärt und haben dargestellt, wie sie nun fortfahren möchten. Als der Hasser trotzdem keine Ruhe liess, haben andere Fans das Restaurant regelrecht verteidigt und sagten Dinge wie „Sie haben das Problem erklärt und gehen es nun an! Was willst du denn noch?". Die Community hat es geschafft, den Hasser ruhigzustellen, und so musste das Restaurant nichts weiter tun.

Die grösste Herausforderung für ein Unternehmen ist es, zuzuhören, schnell zu reagieren und sich zu äussern. Man hat aufgezeigt, dass mehr als die Hälfte aller Befragten erwarten, dass sie innerhalb einer Stunde oder weniger eine Lösung oder eine Reaktion auf ihre Online-Beschwerde erhalten! Sind Sie dafür bereit?

Die grossen Marken bieten genau diesen Service und setzen damit Standards für jedermann. Eine negative Rückmeldung in einer positive umzuwandeln kann eine Chance sein – erfolgt die Rückmeldung jedoch nicht schnell, effizient oder „menschlich", kann dies die Situation verschlechtern.

Ich sollte wohl noch erwähnen, dass es einige Berichte gibt, die argumentieren, dass ein paar wenige negative Rückmeldungen tatsächlich hilfreich sein könnten und vielleicht sogar die Verkäufe ankurbeln, indem sie den Verkaufsargumenten mehr Substanz geben. Ein eher anderer Ansatz, aber möglich!

Eine Kultur der Verbundenheit

Diejenigen Firmen, die niemals negative Kommentare kassieren, sind wohl eher die Ausnahme. Die Vorbereitung auf Negativ-Kommentare im Social Web ist also ein wichtiger Bestandteil einer kulturellen Veränderung innerhalb der Firma. Ist Ihr Management-Team bereit für negative Kommentare? Hier zeige ich Ihnen einen möglichen Antwortplan, den Sie für Ihre Firma oder als Anregung nutzen können.

1. Verpflichten Sie sich, auf alle Beschwerden zu antworten. Es muss nicht immer eine grossartige Antwort sein, die bereits von der Rechtsabteilung abgesegnet wurde, aber es muss klar sein, dass die Beschwerde zur Kenntnis genommen wurde. Das alleine löst schon 98 % aller Probleme!

2. Zeigen Sie dem Kunden, dass Sie es richtig finden, dass er sich beschwert. Seien Sie einfühlsam und versuchen Sie, die Emotionen runter zu bringen. Sagen Sie etwas wie „Ich verstehe Sie gut und wäre auch aufgebracht, wenn es mir passiert wäre."

3. Entschuldigen Sie sich, wenn es gerechtfertigt ist. Und manchmal auch dann, wenn es nicht gerechtfertigt ist.

4. Erlauben Sie Ihren Mitarbeitern, kleinere Probleme

eigenverantwortlich, selbstständig und schnell zu lösen. Manchmal hilft es auch, das Thema eher am Telefon oder durch eine persönliche Mail zu lösen anstatt online.

5. Bleiben Sie dran. Überlegen Sie genau, was es braucht, um die Person zufriedenzustellen. Sollten Sie hier nicht richtig handeln, bereiten Sie sich darauf vor, dass Emotionen hochkochen und die Situation eskaliert.

6. Sollte das Problem auch bestehen, nachdem Sie eine angemessene Entschädigung angeboten haben, übergeben Sie den Fall einem internen, geschulten Spezialisten oder ziehen Sie sich zurück - je nach Risiko und Ernsthaftigkeit des Problems.

Lassen Sie uns gemeinsam anschauen, was passiert, wenn eine Firma diesen simplen Plan nicht befolgt – nun sorge ich selbst für die entsprechende Fallstudie!

Eine der Fortune 100 Firmen hat meinen Content von meinem Blog auf ihrer eigenen Webseite veröffentlicht und sogar so getan, als ob es ihr eigener Content sei. Es gab keinen Hinweis, dass der Content von meinem Blog kam und sie haben weder den Autor genannt noch einen Link angegeben. Sie haben mich niemals um Erlaubnis gefragt, meinen Content für ihre kommerziellen Zwecke zu nutzen.

Ich habe sogar jemanden bezahlt, der eben diesen Content für mich geschrieben hat. So haben sie also nicht nur von meiner Arbeit profitiert, sondern auch von meinem Budget! Ihr Vorgehen war nicht nur eine Verletzung der Businessetikette, es war auch illegal und hat meine Copyright-Rechte verletzt.

Ich ging davon aus, dass es sich um eine Art Missverständnis handelte und da ich mich generell für solche Dinge interessiere, habe ich mich entschieden, ihnen eine Anfrage zu schicken, wie es zu diesem Missverständnis kommen konnte. Wie viele andere „Nörgler" wollte ich nur eine Erklärung und eine Entschuldigung.

Ich habe zwei Mails an den Kundenservice geschrieben. Ich habe sie zweimal angerufen. Ich habe ihnen Nachrichten auf Twitter und Facebook hinterlassen und sie gebeten, mir zu antworten. Ich habe dem Leiter der Unternehmenskommunikation zweimal geschrieben und schliesslich versucht, ihn anzurufen. Ich habe nichts von der Firma gehört.

Nach 10 Wochen hat mich endlich jemand aus der Kommunikationsabteilung angerufen. Sie war nett und hat sich entschuldigt und mir erklärt, dass sie sich einen Tag später melden würde, um mir eine Erklärung zu geben. Ich habe nie wieder etwas von ihr gehört.

Schlussendlich, und das war wohl nur dem Zufall geschuldet, war einer meiner College-Studenten bei der Firma im Kundenservice angestellt. Ich habe ihr die Situation erklärt, und ein paar Tage später hat mich die Frau angerufen, die für die Webseite verantwortlich ist und meinen Content genutzt hat.

Ihre Rückmeldung war unglaublich schlecht. Sie war unfreundlich und defensiv. Sie hat sich nicht ernsthaft mit dem Problem befasst und eine andere Firma beschuldigt, die von ihnen beauftragt wurde, Content im Web zu finden, den sie auf ihrer Homepage nutzen können. Sie hat den Eindruck erweckt, als wollte sie das Gespräch einfach nur hinter sich bringen und hat mir zuletzt angeboten, dass die Firma, welche den Content „organisiert" hat, mir einen Gutschein schicken würde, der dem entspricht, was ich meinem Autor bezahlt habe.

Diese dreimonatige Phase war so aufreibend für mich – trotz meines anfänglich guten Willens – dass ich an einem Punkt angelangt war, an dem es nicht mehr ging. Ich habe mich dazu entschieden, etwas zu tun, was ich noch nie getan habe – ich habe einen Blogeintrag über diese Firma und das Problem verfasst. Dieser Beitrag ging viral, hatte mehr als 1´000 Shares im Social Web und mehr als 100 Kommentare, die alle diese Firma zerrissen. Eine meiner Leserinnen war so betroffen, dass sie mir zugesichert hat, nie wieder mit dieser Firma etwas zusammen zu machen oder bei ihnen zu kaufen.

Ich habe dann einen Anruf von Ragan Communications bekommen, um anzufragen, ob sie den Artikel in ihrem Newsletter (ein täglicher Newsletter für PR-Fachkräfte) veröffentlichen dürfen. Natürlich mit Autor und Link. Das hat dann noch einmal Hunderte von Shares und Kommentaren provoziert. Andere Blogger haben meinen Blogpost aufgenommen und so die Story noch weiter getragen und noch einmal Tausende Leser erreicht.

Als das Ganze viral ging, wurde ich von einer Repräsentantin der PR-Abteilung der Firma kontaktiert, die mir versprach das Ganze richtigzustellen. Sie hat mich um mehr Informationen gebeten, und obwohl ich gerade auf einer Geschäftsreise war, schickte ich ihr eine lange Mail, die das ganze Thema noch einmal erklärte. Ich habe diese Informationen damit zum achten Mal an Verizon geschickt. Ich habe niemals eine Rückmeldung von ihr erhalten.

Das ist ein Beispiel für eine Firma, die ihre Dinge nicht wirklich im Griff hat. Sie haben es geschafft, dass die Situation eskalierte. Lassen Sie uns dieses Fallbeispiel noch einmal im Hinblick auf die vorher gegebenen Tipps betrachten.

Erstens; es ist niemals eine gute Idee, eine Firma zu bezahlen, die Content aus dem Internet zusammensucht. Es ist eben doch ein Unterschied, wenn man den Content legal beschafft und dadurch neue Einblicke und Mehrwerte kreiert.

Dazu kommt, dass ihr Kundenservice nicht darauf vorbereitet war, eine Beschwerde zu bearbeiten, die nicht technisch ist. Sie haben es zwar aufgenommen, aber dann ging das Thema irgendwie im System verloren. So konnten dann die neuen Inputs aus dem Internet nicht damit abgestimmt werden. Und die Firma hat zusätzlich noch so viele Twitter und Facebook Accounts, dass man gar nicht weiss, an wen man das Problem adressieren soll. Das sind wieder nur einige Beispiele dafür, was passiert, wenn man seinen „Laden nicht im Griff hat". Und wie dann schnell – im Hinblick auf das ursprüngliche Problem - aus einer Mücke ein Elefant wird.

Woche für Woche und Monat für Monat wurden meine geduldigen Anfragen ignoriert. Als ich dann endlich angerufen wurde, war die Person am Telefon defensiv und unfreundlich. Sie hat mir nicht das Gefühl gegeben, dass ich mich zurecht beschwere, sondern brachte noch eine Rechtfertigung dafür, was ihre Firma mit meinem Content gemacht hat! Das hat mich dann von einem neugierigen Kunden in einen zornigen Blogger verwandelt.

Trotz Lösungsversprechen der PR-Abteilung, des Kundenservice, der Firmenkommunikation und schlussendlich der Homepage-Verantwortlichen gab es kein Nachfassen. Das war tatsächlich der Tropfen auf den heissen Stein, der mich dazu veranlasst hat, das Ganze öffentlich zu machen.

Hier kann man deutlich sehen, dass diese Firma nicht gut vorbereitet war, um online präsent zu sein. Sie haben offensichtlich intern keinerlei kulturelle Anpassungen vorgenommen, damit neue Kommunikationsformen tatsächlich genutzt werden konnten.

Hätte die Firma innerhalb von 24 Stunden geantwortet, mir eine simple Erklärung geliefert und sich entschuldigt, wäre ich noch heute ein glücklicher und loyaler Kunde.

DasGeschäftsleben im Internet ist komplexer, aber es kann eben auch genutzt werden, um anders zu sein und sich abzuheben; und vor allem treue Kunden zu finden, wenn man es denn richtig macht!

Fragen, die Führungskräfte berücksichtigen sollten

1. Sie haben gesehen, der Erfolg von Social Media hängt auch sehr von der Firmenkultur ab. Ist Ihre Firma also bereit und vorbereitet, alle Beschwerden zu beantworten?

2. Haben Sie eine Social Media Policy? Gibt es Referenz-Beispiele, die helfen können?

3. Sind Sie und Ihre Firma bereit? Haben Sie eine Strategie entwickelt, um Kritik entsprechend zu begegnen? Gibt es Prozesse und Personen, die angebracht und schnell auf Kritik reagieren können?

KAPITEL 10

Wir haben limitierte Ressourcen. Wo fangen wir da an?

Wenn Ihre Firma z.B. Leitern herstellt und diese an grosse Fachmärkte verkauft: Welcher Teil Ihres Marketingbudgets sollte ins Social Media Marketing fliessen?

Wo würden Sie anfangen, eine Strategie zu entwickeln, die zu Ihren Marktmöglichkeiten passt? Wo soll man da anfangen? Nach welchen Kriterien priorisiert man seine Ressourcen?

Das sind Fragen, die über die Theorie hinausgehen. Das

sind tatsächlich die essenziellen Fragen, mit denen sich Firmen jeden Tag auseinandersetzen müssen.

Wir haben ja schon festgestellt, dass fast alle Firmen eine Social Media Präsenz haben sollten. Nehmen wir also an, Sie sind wie 95 % der Firmen: Sie müssen es machen! Sie wollen es machen. Aber Sie wissen nicht, wo Sie anfangen sollen.

Wenn ich mit neuen Kunden arbeite, wissen wir meist nach 5 grundsätzlichen Fragen, wie wir vorgehen wollen. Das sind keine einfachen Fragen, aber wenn man wirklich daran arbeitet, sie zu beantworten, wird Ihr Social Media Plan auf einmal offensichtlich. Sie wissen dann, wo Sie anfangen müssen und Sie wissen, welche Ressourcen Sie einsetzen müssen, um alles erfolgreich umzusetzen.

Frage Nummer 1: Können Sie diesen Satz beantworten? "Nur wir..."

Wir haben das schon in Kapitel 7 besprochen, aber mit diesem Punkt muss man anfangen, und ich kann dessen Wichtigkeit nicht genug betonen.

Bei der Beantwortung dieser Frage müssen Sie herausfinden, was Sie von der Konkurrenz unterscheidet, warum Ihre Kunden Sie lieben, und welche Rolle Sie auf dem Markt spielen. Eine Strategie zu entwickeln, erlaubt es Ihnen, etwas zu finden, was Ihre Firma vom Mitbewerber abgrenzt, besonders macht- etwas, das einen Mehrwert hat und hoffentlich nachhaltig ist.

Ihre Antwort auf die Frage "Nur wir...." wird sich wohl mit der Zeit verändern. Ich denke, in der heutigen Zeit ist es nicht mehr möglich, dass eine Firma langfristig einen Vorteil für sich allein beanspruchen kann. Es geht mehr darum, in einer bestimmen Zeit und in einem bestimmten Zeitraum eine Position am Markt einzunehmen und sich innerhalb eines bestimmten Zeitraumes immer wieder anzupassen; wenn sich der Markt, die Technologie oder der Wettbewerb ändert.

Mein liebstes Beispiel hierfür ist Coca-Cola. Was ist deren Wettbewerbsvorteil? Das Produkt ist nur gefärbtes Wasser mit Zucker, oder? Doch irgendwie schaffen sie es, sich Generation für Generation neu zu erfinden und so in den Köpfen der Kunden zu bleiben.

Hier folgt jetzt ein Einwand, den ich nutze, wenn Kunden sehr vage in Bezug auf ihre Strategie sind: Ich setze mich mit dem Management an einen runden Tisch und gebe jedem ein Blatt Papier. Dann bitte ich sie, die "Nur wir..."-Frage schriftlich zu beantworten.

In keiner der Firmen, mit denen ich zusammengearbeitet habe – gross oder klein, High-Tech- oder Produktionsfirma – gab es je eine Übereinstimmung bei den Antworten. Das ist gleichzeitig ein Augenöffner, aber auch etwas peinlich für das Management. Aber es hilft, die richtige Diskussion anzuregen: Wenn nicht einmal wir selbst sagen können, wo wir uns auf dem Markt positionieren sollen, wie sollen wir dann dieses Ziel erreichen?

Häufig ist die erste Antwort auf die "Nur wir…"-Frage etwas wie "wir kreieren Mehrwerte für unsere Kunden durch unsere Integrität und unsere Qualitätsprodukte." Nein, ich glaube das ist nicht richtig. Das ist schliesslich etwas, was jede Firma überall auf der Welt für sich beanspruchen möchte, oder? Was macht Sie besonders? Und nur SIE?

Wenn Sie die richtige Antwort haben möchten, ist es meist hilfreich, direkt mit den Kunden anzufangen. Sprechen Sie mit ihnen. Befragen Sie sie. Noch besser, besuchen Sie sie oder sprechen Sie mit ihnen in einer Fokusgruppe.

Was denken die Kunden, was Sie anders machen als Ihr Mitbewerber und warum denken die Kunden das? Warum lieben sie Sie? Warum kommen sie immer wieder zu Ihnen zurück?

Worüber denken die Kunden nach? Was könnte in der

Zukunft passieren? Was sind offene und nicht erfüllte Bedürfnisse? Wie passt die Firma in dieses Bild?

Wenn ich die Aufgabe mit den Kunden mache, kommt ein Thema ohne Ausnahme immer wieder auf. Es ist häufig etwas, was wir nicht mal erwartet haben: Manchmal ist das, was eine Firma verkauft, nicht das, was der Kunde kauft!

Hier ein Beispiel dazu: Ich hatte einen Kunden, der wirklich komplizierte Kommunikationssysteme für Firmen verkauft. Im Marketing haben sie sich darauf konzentriert, technisch zu sein, und zwar nur technisch. Aber als ich mich mit ihren Kunden getroffen und sie gefragt habe, warum sie etwas von dieser Firma kaufen, haben wir herausgefunden, dass die Kunden überhaupt nicht an der Technologie-Thematik interessiert waren. Sie haben es eigentlich gar nicht verstanden und wollten es auch nicht verstehen. Sie haben diese Firma geliebt, weil sie Marktführer waren und man ihnen in allen Bereich vertraut.

"Ich liebe diese Firma, weil wir einmal einen Ausfall um 2 Uhr nachts hatten und um 2:30 Uhr war das Problem schon gelöst" hat mir ein Kunde erzählt.

Ein anderer sagte: "Ich muss nicht verstehen, was sie machen. Egal, welche technologischen Neuerungen auftauchen. Ich vertraue ihnen und weiss, dass sie es von Allen am besten hinbekommen."

Die Firma dachte, sie verkaufe Technologie. Der Kunde aber kaufte in Wirklichkeit ein „ruhiges Gewissen". Und so haben wir das "Nur wir..." vom Kunden erfahren.

Wir haben danach ihre Marketingaussagen und ihre Social Media Strategie überarbeitet, sodass diese nun auch dem Kundenbild entsprachen.

Kunden halten also fast immer den Schlüssel zur Marketing-Strategie in den Händen!

Frage Nummer 2: Kann sich unsere Firmenkultur entwickeln und eine Social Media Anpassung überstehen?

Der zweite Gedanke vor dem Start sollte Ihrer Firmenkultur gelten. Es macht keinen Unterschied, wie viel Geld Sie haben oder wie gut durchdacht Ihr Plan ist... Ihre Firmenkultur wird immer Ihr grösster Erfolgsfaktor sein, aber auch die höchste Hürde im gesamten Prozess.

Egal wo ich bin und arbeite auf dieser Welt; die gleichen fünf Firmenkultur-Hürden finde ich immer wieder und wieder:

- **Budget und Ressourcen** "Wir haben bereits viel zu tun. Wir haben einfach keine Zeit für etwas Neues."

- **ROI und Messungen** "Bis Sie mir nicht den ROI von Twitter aufzeigen können, wird das Projekt gestoppt."

- **IT** – technischer Support "Wir sind so beschäftigt damit, unsere Cloud-Lösung zu bedienen, dass wir keine Zeit haben für Ihre Facebook-App".

- **Rechtliche Regulierungen** "Die Rechtsabteilung muss alles absegnen, was wir täglich publizieren."

- **Firmenkultur und Change Management** "Ich habe es mit Twitter probiert und es war ätzend. Und niemand im Management nutzt es, also braucht es die Firma wohl nicht."

Klingt das bekannt für Sie?

Wenn die Firmenkultur nicht mit den Anforderungen einer "sozialen Organisation" übereinstimmt, werden Sie niemals eine nachhaltige Veränderung hervorrufen können.

Wenn Sie gerade einen Marketingplan für Ihre eigene Firma entwickeln oder gerade dabei feststecken, macht es vielleicht Sinn, einen Schritt zurückzutreten und zu schauen, wie diese fünf Faktoren den Erfolg ihrer Social Media beeinflussen können. Wenn Sie sich darauf konzentrieren, die internen Hürden aus dem Weg zu räumen, ist die Chance gross, dass Sie langfristig Erfolg im Marketing haben.

Frage Nummer 3: Sind wir eine interaktive Marke... oder könnten wir das sein? Wie stellen sich Kosten und Risiken dar?

"Komm, vergeude deine Zeit mit mir" ist wohl der wahre Business Case für Facebook. Niemand muss auf Facebook sein. Leute sind jeden Tag online, um Farmville zu spielen oder sich lustige Katzenbilder anzuschauen. Warum um alles in der Welt sollten diese Leute Ihnen ihre Aufmerksamkeit schenken? Wenn Sie für Disney, Nike oder ein Filmstudio arbeiten, haben Sie nichts zu befürchten. Sie haben bereits eine beliebte, interaktive Marke.

Aber wenn Sie Leitern verkaufen? Es sei denn, Sie können sich selbst in eine interaktive Marke verwandeln. Es gibt viele berühmte Beispiele. Für manche Marken ist es vielleicht auch einfacher. Man kann es bestimmt auch mit Leitern machen. Aber lassen Sie uns ehrlich sein: Es ist nicht einfach und auch nicht billig. Also sollten Sie die Risiken abwägen und das Investment abschätzen, wirklich einzigartigen Content zu kreieren. Wenn Sie also Leitern verkaufen, ist vielleicht ein Rabattbon am Verkaufspunkt besser, als in eine grosse Videoserie zu investieren.

Wie ich bereits in Kapitel 7 erläutert habe, gibt es viele Gründe, warum Sie im Social Web vertreten sein sollten, selbst wenn Sie keine interaktive Marke haben. Zum Beispiel Kundenservice, SEO etc. Aber um die Frage zu beantworten: "Sind Sie interaktiv oder können Sie es sein?" Nun, diese Entscheidung wird wohl Ihr Marketing-Budget treffen. Interaktiv zu werden, ist eine grossartige Möglichkeit, aber eben auch nicht einfach.

Frage Nummer 4: Wo sind unsere Kunden und unsere Wettbewerber?

Es scheint eine relativ einfache Frage zu sein, doch sie wird oft übersehen. Sich ein wenig auf dem Markt umzuschauen kann wirklich aufschlussreich sein.

Ich arbeite zur Zeit mit einem neuen Krebsbehandlungs-Zentrum. All die Wettbewerber können mit neuem Equipment, einfühlsamen Ärzten und wunderschönen Räumen angeben. Aber wie kann dann mein Kunde hervorstechen?

Eine intensive Konkurrenzanalyse hat aufgezeigt, dass

eine effektive Social Media Präsenz aufzubauen, eine gute Option ist. Eine Analyse der Kunden zeigte dann, dass das Internet der Ort ist, an dem Leute sich über Krebstherapien informieren. Und so kann mein Kunde ihre Social Media Plattformen als Differenzierungsmerkmal nutzen.

Aber wie sieht es bei der Leiterfirma aus? Wie können Kunden Entscheidungen treffen – informieren sie sich vor dem Kauf, recherchieren sie online oder entscheiden sie sich vor Ort aufgrund des tiefsten Preises im Geschäft?

Und was können wir über unsere Wettbewerber lernen? Haben wir eine Chance auf den Social Media Plattformen oder gibt es dort bereits dominante Wettbewerber?

Die Strukturen Ihrer Branche und die Art, wie sie mit der Konkurrenz verbunden sind, hat ebenfalls einen starken Einfluss auf Ihre Marketingstrategie. Diese Gebiete genau anzuschauen, kann Ihnen ein Vorsprung im Social Media geben.

Frage Nummer 5: Wie und woher bekommen wir ständig hochwertigen Content, der einen echten Mehrwert anbietet?

Wenn Sie die ersten vier Fragen beantworten konnten, ist es nun an der Zeit, über den lebensnotwendigen "Treibstoff" für Ihre Social Media-Aktivitäten nachzudenken.

Viele Firmen sind im Bereich Social Media aktiv, einfach nur um aktiv zu sein. Das ist meist keine gute Idee. Sie haken zwar etwas auf Ihrer To-do-Liste ab, erschaffen damit aber nicht wirklich einen Mehrwert.

Wenn Sie neue Möglichkeiten für Ihre Firma schaffen, Probleme lösen, eine führende Rolle einnehmen und Möglichkeiten für eine grosse Reichweite schaffen wollen, müssen Sie etwas mehr tun, als ab und an mal zu tweeten oder das Firmenprofil auf LinkedIn zu überarbeiten. Sie brauchen eine verlässliche Quelle für guten Content.

Wie ich bereits im Kapitel 5 diskutiert habe, bietet guter Content einen echten Mehrwert, ist informativ und hilfreich, suchmaschinenfreundlich, teilbar und zielgruppenrelevant. Im Normalfall heisst dies, dass man einen Blog, ein Podcast, eine Videoserie sowie Pinterest, Instagram, eBooks und andere Präsentationsformen braucht.

Die Herausforderung ist dabei, auch tatsächlich dauerhaft und nachhaltig Content zu schaffen. Ich habe bereits mit vielen kleinen und grossen Firmen gearbeitet und
ihnen geholfen Content Creation zu implementieren.
Und es scheint ein paar Themen zu geben, die erfolgs-
versprechend sind.

1. Nutzen Sie das ganze Tier

Die erste Frage, die viele Firmen stellen, ist: Woher kommt der ganze Content eigentlich her? Sie merken oft gar
nicht, dass sie bereits auf einem wahren Content-Schatz
sitzen.

Wenn Indianer in Nordamerika einen Büffel getötet
haben, liessen sie nichts verkommen und alles vom
Tier wurde genutzt. Für Kleider, Zelte oder Waffen.
Und genau so sollten wir es mit dem gesamten vorhandenen Content der Firma machen und diesen so gut wie
möglich nutzen, sodass keine Investitionen verschwen-
det werden. Quellen für tollen Content könnten sein:

- Reden

- Kundenpräsentationen

- Investorenkommunikationen

- Marketingmaterial

- PR

- Mitarbeiter-Newsletter

Wenn ich also einen tollen Blogeintrag schreibe, gibt es vielleicht noch mehr Möglichkeiten, diesen Content auch für eine Infografik, eine Präsentation, ein Facebook-Post, Twitter, LinkedIn oder sogar ein eBook zu nutzen.

Versuchen Sie möglichst viel Mehrwert aus Ihrem Content zu ziehen, indem Sie ihn für das Social Web anpassen und ihn über mehrere Kanäle verbreiten.

2. Beginnen Sie mit leidenschaftlichen Freiwilligen

Die Art und Weise wie Original-Content kreiert werden soll, kann manchmal ein wenig erschreckend sein für Firmen. Meist aufgrund der Kosten und des zeitlichen Aufwands. Eine Lösung dagegen wäre (vor allem in der Startphase) mit leidenschaftlichen Freiwilligen zusammen zu arbeiten.

Autor und Berater Jay Baer hat einmal gesagt "**wenn man Social Media nicht liebt, wird man es auch nie gut machen**"...also konzentrieren Sie sich auf die internen Leute, die Social Media lieben. In meinen Augen ist das fast wichtiger als ein guter Schreibstil oder Marketingerfahrung.

Eine Firma, mit der ich mal gearbeitet habe, hat mit fünf wirklich leidenschaftlichen freiwilligen Bloggern angefangen und ist innerhalb von nur einem Jahr auf mehr als 200 gewachsen. Und das organisch! Der Enthusiasmus ist sozusagen vom leidenschaftlichen Kernteam übergeschwappt.

3. Stellen Sie Aushilfskräfte ein

Es ist nicht fair gegenüber Ihrem Personal, wenn Sie ihnen auch noch die Aufgaben des Content Managements aufdrücken, obwohl sie schon mehr als genug Arbeit haben. Wenn Sie gerade anfangen mit Content, denken Sie vielleicht darüber nach, einen Externen anzustellen, der Ihnen in der Anfangszeit hilft. Folgende Aufgaben könnten extern erledigt werden:

- Unterstützung bei der Content Planung und der Aktualisierung der Planung

- Sicherstellung der internen Sichtung des neuen Contents

- Bearbeitung von Content von Volunteers, um diesen relevant und passend zu machen

- Schulung von firmeninternen Bloggern

- Sicherstellung der Rückmeldung auf Kommentare und Fragen auf dem Blog

Wenn Ihre Bemühungen sich auszahlen, werden Sie an einen Punkt kommen, an dem es sich lohnt, darüber nachzudenken, ob man nicht eine interne Vollzeitstelle "Community Manager" schafft, der all diese Aufgaben übernehmen kann. Suchen Sie nach jemandem mit Erfahrung in diesem Bereich, um Ihre Chance auf dauerhaften Erfolg zu vergrössern.

4. Schnelle Erfolge sind motivierend

Sie müssen sowohl extern als auch intern Ihre Marketingbemühungen bewerben. Belohnen Sie Blogger und zeichnen Sie Erfolge aus. Eine Firma hat zum Beispiel eine Wand, an der alle Blogger vertreten sind, die eine bestimmte Stufe überschritten haben. Diese werden dann mit speziellen Events oder Firmenmerchandise belohnt.

Schauen Sie, dass Sie auch schnelle Erfolge sichtbar machen können, vor allem im Content Marketing Plan und stellen Sie sicher, dass das Managementteam davon etwas mitbekommt. Wenn Sie den Erfolg und auch den Spass bei der Arbeit von Ihrem Content-Team aufzeigen, sind andere vielleicht eher daran interessiert, mitzumachen.

5. Integrieren Sie die "Big Player" der Branche

Zusätzlich zum Content, der von den Mitarbeitern erarbeitet wird, setzen viele Firmen auf Inhalte, die von externen Branchenexperten produziert werden. Dies sind normalerweise bezahlte Aufträge, aber es gibt auch solche Autoren, denen die Veröffentlichung wichtiger ist als die Bezahlung. Es gibt ein paar strategische Vorteile dadurch:

- Ihre Contentmarketing-Bemühungen werden sofort glaubhafter

- Sie haben einen Aussenstehenden, der Ihrer Firma und Ihrer Marke eine Anerkennung bietet

- Fans des Autoren kommen auf Ihren Blog und stossen auf Ihre Firma

- Kann ein Anstoss für Abos und Beiträge sein

- Setzt die Massstäbe für nachhaltigen hochqualitativen Content

Ich hoffe, das Kapitel gibt Ihnen ein paar nützliche Ideen und Anregungen, wie Sie Ihr Social Media Programm starten können. Im letzen Kapitel zeige ich noch einmal auf, wie das alles zusammen in der realen Welt funktioniert.

Fragen, die Führungskräfte berücksichtigen sollten

1. Welches sind unsere "Nur wir..." Merkmale?

2. Was sind Quellen für wirklich guten, gehaltvollen Content?

3. Wie können wir alles nutzen und alles verwerten?

4. Welche Veränderungen muss ich als Führungskraft anstreben, um eine Kultur für die Kreation von Content zu fördern?

KAPITEL 11

Eine Fallstudie, die alles berücksichtigt

Und das alles funktioniert jetzt so?

Bevor ich dieses Buch geschrieben habe, vergewisserte ich mich, dass alles, was ich hier an Ideen präsentiere, auch tatsächlich praxisrelevant ist. Ich habe darüber Blogeinträge geschrieben, habe die Ideen als Themen für Reden genutzt, habe sie immer wieder getestet und habe sie auch in meinem Unterricht im Masterprogramm an der Rutgers University mit Führungskräften diskutiert.

Ich habe die Aussagen und die Inhalte immer wieder angepasst und bin an einem Punkt gekommen, an dem ich wusste, dass ich damit Erfolg haben kann, und dass diese Ideen einen Unterschied machen können. Ich habe die Ergebnisse immer und immer wieder überprüft und weiss deshalb, was ich Ihnen in diesem Buch biete.

Eines meiner Testkaninchen für diese Theorien war das B2B Salesteam einer der Fortune 100 Firmen (sie haben mich gebeten, den Namen nicht zu erwähnen). Über die Jahre habe ich immer wieder mit dieser Firma zusammengearbeitet und habe unter anderem Schulungen für ihre internen Social Media Spezialisten aus ganz Amerika gegeben.

Und während viele dieser Spezialisten die Workshops live auf dem Laptop verfolgt haben, gab es diesen einen Mann, der immer anwesend war, in der ersten Reihe gesessen und sämtliche Fragen gestellt hat. Sein Name ist Sander Biehn.

Er war offensichtlich gefesselt von der Idee, diese Prinzipien in einer grossen und komplexen Firma anzuwenden, und ich habe ihn immer wieder ermutigt, diese Konzepte in seinem Alltag umzusetzen. Hier ist seine Geschichte- in den Worten von Sander selbst.

Ich habe meiner Firma geholfen, Aufträge in Höhe von ca. $47 Millionen zu realisieren, indem ich eine Social Media Verkaufsstrategie entwickelt habe, deren Kern aus kundenspezifischen Inhalten und Lösungen bestand.

Vor vielen Jahren hat meine Firma ein neues Verkaufsteam aufgebaut, dessen Aufgabe es war, die Geschäftsbeziehung mit einer grossen und wichtigen Firma in Atlanta wieder aufleben zu lassen. Wir haben uns entschiede,n einen neuen Ansatz zu wählen, dessen Kern der Aufbau einer Beziehung über Social Media war. Wir mussten einfach etwas Neues probieren. Die Geschäftsbeziehung mit dem Kunden hat seit ca. 5 Jahren gelitten, was zu einem Rückgang der Verkäufe führte.

Mit den Schulungen von Mark Schaefer und der Unterstützung durch unser internes Team haben wir angefangen, eine Contentstrategie aufzubauen, die sich auf bestimmte Personen unseres "alten" Kunden konzentrierte.

Das gab uns Gelegenheiten, zu diskutieren und wieder miteinander ins Gespräch zu kommen.

Stück für Stück konnten wir eine Veränderung in der Kundenbeziehung feststellen. Wir konnten auf einmal wieder produktiv und konstruktiv über Lösungen reden, die wir durch die neue Content Strategie präsentierten.

Innerhalb von 18 Monaten bekamen wir Aufträge in Höhe von $47 Millionen, die klar auf die Social Media Aktivitäten zurückzuführen sind.

Sind Sie aufmerksam geworden? Sehr gut. Dann schauen wir uns jetzt gemeinsam an, wie das funktionieren konnte – durch eine erfolgreiche Social Sales Strategie.

Die Social Sales Strategie

Um das Ganze tatsächlich erfolgreich umzusetzen, wussten wir gleich zu Beginn, dass wir wertigen, lösungsorientierten Content erarbeiten mussten, der für den Kunden interessant ist. Aber was genau könnte dieser Content sein? Zuerst hat sich das Salesteam darauf konzentriert, verfügbare Lösungen zu finden, die für den Kunden direkt anwendbar sind. Insgesamt waren das 10 Lösungen. Über diese mussten wir unseren Kunden informieren- aber auf eine einzigartige und hilfreiche Art und Weise!

Wir haben uns entschieden, dass der neue Content zunächst auf unserem Firmenblog erscheinen soll.

Natürlich war es nicht ausreichend, ein wenig Content aufzuschalten. Wir mussten dem Kunden schliesslich klar machen, dass dieser Content verfügbar ist und eine Leserschaft aufzubauen ist. Sicherzustellen, dass der Content auch von den *richtigen Leuten* in der Firma gelesen wurde, war der nächste Teil unserer Strategie. In der Umsetzung haben wir uns auf zwei Social Media Plattformen konzentriert, bei denen wir wussten, dass die relevanten Personen sie nutzen: Twitter und LinkedIn. Indem wir den Content direkt an diejenigen adressierten, die das Geld verwalten, erhofften wir uns von diesen Personen, als Marktführer wahrgenommen zu werden und nicht nur gebeten zu werden, ein Angebot abzugeben, sondern auch der Gewinner der Ausschreibung zu sein.

Taktik

Content – Eine Anfangshürde bestand darin, einen passenden, aussergewöhnlichen Content zu erarbeiten, der unsere Technologien in das gewünschte Licht rückt. Der bisherige Content richtete sich eher an Techniker und nicht an Geschäftsleute bzw. Entscheider; darüber hinaus war der Inhalt häufig zu verkaufslastig. Unsere neue Content-Strategie musste sich mehr auf die eigentlichen Kundenwünsche und deren Problemstellungen fokussieren. Mit anderen Worten: Sie musste *hilfreich* sein.

Um uns mit diesen Leuten zu verbinden und eine Beziehung aufzubauen, haben wir komplett neue Inhalte geschrieben, die auf den Kunden zugeschnitten waren und auch die Rolle des Lesers im Unternehmen berücksichtigte. Der Content war damit einfach zugänglich und konzentrierte sich auf geschäftliche Aspekte. Dabei gab es niemand, der uns das Schreiben abnahm. Wir haben die Arbeit gemacht!

Den Content verbreiten – Mark Schaefer betont es immer wieder: der Content ist erst dann wirklich wegweisend, wenn er sich verbreitet. Wir mussten also ein Netzwerk aufbauen.

Unsere erste Station war Twitter, wohl die schnelleste Wahl, um ein Netzwerk aufzubauen. Ich musste also erst einmal Verbindungen zu den Twitternutzern innerhalb unserer Kundendatei aufbauen. Wir haben die Tools und Instrumente aus dem Buch *The Tao of Twitter* genutzt, um wirklich gewinnbringende Beziehungen zu den richtigen Leuten aufzubauen.

Ich habe darauf geachtet, mich nicht nur mit Personen zu vernetzen, die entsprechende Budgetverantwortung trugen, sondern auch mit Spezialisten der Branche. Ich habe ihre Beiträge retweetet oder ihre Tweets kommentiert. Wenn es positive Meldungen über Kunden gab, habe ich darüber einen Tweet abgesetzt und den involvierten Kontakten direkt gratuliert, um sie so auf mich aufmerksam zu machen.

Ich habe auch Beiträge aus unserem Blog oder Artikel getweetet. Ich habe versucht, die Kunden miteinzubeziehen, in dem ich Fragen zum Content gestellt und Leute erwähnt habe, für die das Thema interessant sein könnte. Ich habe Rückmeldungen von den Kunden bekommen, sie fingen an, Fragen zu stellen oder Dinge zu hinterfragen, die wir in unserem Blog veröffentlichten.

LinkedIn bin ich ähnlich angegangen und habe mich auch da auf Leute konzentriert, die höchstwahrscheinlich Entscheidungen treffen konnten. Ich habe die Gruppen durchgeschaut, in denen solche Leute aktiv waren und habe sie miteinander verglichen. So konnte ich die Gruppen finden, in denen die meisten unserer potenziellen Kunden aktiv waren. Das waren unter anderem Gruppen, welche für die Mitarbeiter einer unserer Kunden bestimmt waren.

Eine dieser Mitarbeitergruppen hatte mehr als 5´000 Mitglieder. Nachdem ich in der Gruppe aufgenommen wurde, habe ich angefangen, mich aktiv einzubringen. Ich habe Fragen gestellt, versuchte, hilfreiche Antworten auf andere Fragen zu liefern und habe Artikel und andere Ideen von uns und unserer Konkurrenz gepostet. Natürlich habe ich auch positive Meldungen unserer Kunden gepostet und wieder die Gruppenmitglieder direkt mit Namen angesprochen, um sie mit einzubeziehen.

Ab und zu habe ich auch unseren Blog Content verlinkt,

was dann dazu geführt hat, dass wir mehr Rückmeldungen bekamen, wenn wir Fragen gestellt oder Meinungen und Ideen präsentiert haben.

Ergebnisse

Die Reaktionen auf unseren ehrlichen und hilfreichen Content und unser Engagement waren greifbar. Nach mehreren Monaten, in denen wir stetig aktiv waren, wurde ich spezifische Dinge gefragt und auch gebeten, ein Angebot für Projekte abzugeben – genau in dem Bereich, die wir in den 10 strategischen Kundenlösungen vorgeschlagen hatten.

Das war ein grossartiger Durchbruch. Erinnern Sie sich daran, dass die Beziehung zwischen unserem Kunden und uns eisig und nicht wirklich geschäftsfördernd war. Aber unsere Präsenz in den Social Media hat diese Beziehung verändert.

Wir wurden als Experten angesehen und haben uns mit Leuten vernetzt, die niemals vorher mit uns etwas zu tun hatten. Sie haben uns Feedback gegeben, dass unser Ansatz erfrischend wäre, weil man, anstatt sie ständig mit Anrufen, Mails oder Terminanfragen zu belästigen, ihnen nun konkrete Hilfe anbot.

Der endgültige Beweis, dass Social Media Marketing einflussreich ist, kam, als wir gefragt wurden, ein Angebot für ein Projekt abzugeben. Die Kundenanforderungen basierten genau auf dem, was wir in unseren Blogeinträgen thematisiert hatten und die wir immer und immer wieder verbreitet haben.

18 Monate, nachdem wir unsere Social Media Strategie lanciert hatten, bekamen wir den Auftrag in Höhe von $47 Millionen. Und wir konnten unsere eigenen Lösungen verkaufen.

Die Geschichte von Sander ist inspirierend und erstaunlich, doch keineswegs einzigartig. Firmen jeder Grösse, vom Start-Up bis zum globalen Grossunternehmen, von Dienstleistern bis zu Produktionsbetrieben nutzen diese Ideen, um messbare Geschäftsvorteile zu erzielen.

Lassen Sie uns den Fall von Sander noch ein wenig genauer anschauen und die fünf fundamentalen Strategien, die hier im Buch präsentiert sind, dem gegenüberlegen.

Menschen kaufen von Menschen

Für mich war einer der wichtigsten Sätze in der Erzählung von Sander: „Wir haben die Arbeit gemacht."

Viel zu oft versuchen Firmen, die menschlichen Verbindungen an eine Agentur, Assistenten oder die Marketingabteilung abzugeben. Sander hat verstanden, dass man, um diese wirklich zerstörte Geschäftsbeziehung wieder aufzubauen, sich auf den guten Willen und das persönliche Vertrauen des Gegenübers stützen muss. Er musste präsent sein und derjenige sein, der anpackt.

Als erfahrener Salesmitarbeiter wusste er, dass man Vertrauen nicht delegieren kann und dass seine Social Media Auftritte nur das Spiegelbild seines offline Charakters ist.

Der andere nennenswerte Aspekt dieser Verbindung war wohl die Geduld. Sein Management hat ihm die Zeit gegeben, die es braucht, um den Job richtig zu machen. Er hatte kein Zeitlimit wie bei einer Kampagne und sein Erfolg wurde auch nicht den Verkaufszahlen gegenübergestellt – zumindest nicht während des Prozesses. Beziehungen aufzubauen braucht Zeit, und Sander hat sich der Idee verschrieben, den Neuanfang so aufzubauen, dass er langfristig planen kann.

Viele Kleinigkeiten führen zur Kundentreue

Ich denke dieser Teil von Sanders Plan war wirklich sehr gut umgesetzt.

Haben Sie bemerkt, dass er überall dort war, wo der Kunde seine Informationen bekommen hat? Er hat dem egoistischen Drang widerstanden, die Leute direkt auf die firmeneigene Homepage oder die sozialen Profile der Firma zu locken. Er hat sich für den menschlicheren und den bescheideneren Ansatz entschieden; sich dort mit Kunden zu "treffen", wo sie eh schon sind und ihre Informationen beziehen: Firmen LinkedIn-Gruppen, Branchenforen und auf Twitter.

Indem er immer wieder kleine, hilfreiche Interaktionen pflegte – selbst wenn das bedeutet, dass man über die Konkurrenz ein paar wohlwollende Dinge sagt – hat er sich als vertrauensvolle Quelle für wertvollen Content inszeniert. Ab einem Punkt fand ihn sein neuer Kontakt so nett und hat ihm genug vertraut, um ihm die Gelegenheit zu bieten, ein Angebot für ein Projekt abzugeben.

Und er hörte an diesem Punkt nicht auf. Genauso wie Freundschaften gepflegt werden müssen, müssen wir auch unsere Online-Geschäftsbeziehungen pflegen. Dies sind keine Kampagnen oder abstrakte Ziele. Es sind Personen.

Das Gedankengut des Social Media

Ich bin eigentlich ein eher konservativer Geschäftsmann, der für kaum etwas in dieser Welt Garantien ausspricht. Aber das Folgende garantiere ich Ihnen. Sander hätte es niemals geschafft, die Gunst seiner Kunden wieder zu erlangen, wenn er sich auf traditionelle, alte Verkaufstechniken konzentriert hätte. Zumindest nicht in diesem Jahrzehnt!

Sander hat seine Weltsicht vom „Verkaufen" zum „Helfen, Informieren und Unterstützen" transformiert, und dies brachte ihm einen starken Wettbewerbsvorteil gegenüber seiner Konkurrenz ein.

Bedeutsamer Content, der zielgerichtet, originell und zugeschnitten auf bestimmte Personen geschrieben wurde, war nun das Zentrum seiner Bemühungen.

Er hat sich systematisch, fokussiert und auch wissenschaftlich mit seiner potenziellen Leserschaft auseinandergesetzt; sich mit ihnen – und zu ihren Bedingungen – in deren „Comfort Zone" verbunden.

Seiner übergeordneten Mission war es sehr dienlich, *ehrlich* zu sein. Das kann natürlich eine ziemlich befremdliche Position für eine Firma sein. Aber ich denke, in diesem Fall hat die verzweifelte Aussicht, gar keine Geschäfte mehr mit diesem Kunden zu machen, die Firma fast gezwungen, etwas Drastisches und völlig Anderes zu machen.

Das Ökosystem der Informationen

Sander hatte sich auf Blogs, LinkedIn und Twitter konzentriert, die ihm halfen, seine Strategie umzusetzen. Aber tatsächlich war es Teamarbeit. Das Supportteam der Firma half dabei, die Strukturen zu schaffen, die er brauchte, um erfolgreich zu sein. Sie schufen die Mess- und Monitoringsysteme, die er benötigte, um seine Bemühungen zu beobachten und sie ermöglichten den Firmenblog.

Das Marketingteam hat nebenher auch noch Podcasts, Videos, White Paper, Präsentationen, Infografiken und eBooks erstellt, die ergänzend zu Sander´s persönlichem Engagement halfen, die Fragen der Kunden zu jedem Thema in dem Umfeld zu beantworten, in dem sich die Kunden am wohlsten fühlten – online. Durch ihre gewissenhafte und verständliche Bemühungen in der Contentkreierung haben sie ihrem Produkt die besten Voraussetzungen verschafft, gefunden zu werden.

Content als Katalysator

Am stolzesten bin ich wohl darauf, wie Sander die Hilfestellungen genutzt hat, die ich ihm während der Ausbildung gegeben habe. Diese Hilfestellungen haben ihm erlaubt, seine Content-Strategie klug und selbstbewusst aufzusetzen und auch durchzuziehen. Er war voll und ganz darauf konzentriert, Content anzubieten, der ausgezeichnet, passend, interessant, relevant und vielleicht sogar ein wenig unterhaltend war. Und er hat seine Persönlichkeit eingebracht, was ihm geholfen hat, sich zu vernetzen und Vertrauen aufzubauen.

Jede Social Media Strategie braucht einen Contentplan und ein Netzwerkplan und Sander hat wirklich hart gearbeitet, seine Leserschaft zu finden und sich mit diesen zu verbinden. Er hat nicht einfach nur gebloggd, um eine weitere Aufgabe abzuhaken. Er hat Content erarbeitet, der gefunden, geteilt und diskutiert wurde. Und das hat wirklich den Unterschied gemacht. Tatsächlich einen Unterschied in Höhe von $ 47 Millionen.

In dem letzten Teil dieses Buches gebe ich Ihnen noch einen kurzen Überblick über die gängigsten Social Media Plattform, beende aber den inhaltlichen Teil meines Buches.

Ich weiss, Sie stehen vor vielen Herausforderungen: Zeit,

unvorhersehbare Dinge, Budgetkürzungen, sture Chefs, aggressive Konkurrenz...

Es gibt kein Buch auf dieser Welt, das diese Herausforderungen einfach wegzaubern kann. Aber ich hoffe, das Social Media Explained Ihnen das Selbstvertrauen, Inspiration und ein wenig Wissen an die Hand gegeben hat, um aufzuzeigen, dass Social Media Marketing funktioniert und zu wissen, wie es funktioniert.

Sander und tausende Kunden, Studenten und Blogleser haben das schon verstanden. Langsam aber stetig bauen sie sich eine Präsenz in den Social Media auf, die getragen wird von hilfreichem Content, sowie ehrlich gemeintem und dauerhaftem Engagement.

Sie können das auch!

Danke, dass Sie das Buch gelesen haben. Lassen Sie uns doch in Kontakt bleiben, Sie wissen jetzt ja wie!

Eine Einführung in die Social Media Plattformen

Ich hoffe, Sie haben *Social Media Explained* genossen und fühlen sich nun besser vorbereitet, die Social Media Welt zu betreten.

Vielleicht war es eigenartig, ein ganzes Buch durchzuarbeiten ohne konkrete Hinweise zu Facebook, Twitter und anderen digitalen Plattformen. Aber das war eine bewusste Entscheidung.

Trotzdem könnte es vielleicht hilfreich sein, die grössten Plattformen kurz zu beleuchten und mit dem einen oder anderen Gerücht aufzuräumen und 1-2 Tipps mit auf den Weg zu geben.

Blogs

Blogs sind einer der wichtigsten Quellen für reichhaltigen Content – quasi das Benzin für Ihren Social Media Motor.

Als die älteste Form der Social Media ermöglicht es ein Blog, dem durchschnittlichen Internet-User Content einfach und schnell zu präsentieren. Im Gegensatz zu klassischen Webseiten sind Blogs von Natur aus interaktiv und erlauben es dem Leser, Blog-Artikel oder Einträge zu kommentieren. Viele Zeitungs-Homepages oder Online-Magazine sind heute wie ein Blog aufgebaut, so dass man schneller Content aufschalten kann.

Blogs können viele verschiedene Geschäftsstrategien unterstützen: Mitarbeiter anwerben, den Kundenservice verstärken, etc. Manche Firmen haben diverse Blogs, die je nach Region, Produktlinie oder Kundendemografie unterschiedlich aufgebaut sind.

Ein wichtiger Hinweis zum Bloggen: Bloggen ist sehr hilfreich für die Suchmaschinenoptimierungen bzw. den Suchmaschinentraffic. Manche Firmen haben einen Blog, den sie parallel zur Website pflegen. Das ergibt wirklich keinen Sinn. Warum sollen denn die Besucher nicht auf die Website? Das ist schliesslich der Ort, an dem man Geschäfte macht. Lassen Sie sich niemals davon überzeugen, einen separaten Blog zu haben. Er sollte auf Ihrer Homepage integriert sein.

Wenn Sie mehr darüber lernen möchten, wie man einen Blog aufbaut und pflegt, hilft Ihnen vielleicht mein Buch *Born to Blog* (McGraw Hill).

Podcasts

Podcasts sind quasi Audio-Blogs und auch eine Quelle für inhaltsreichen Content.

Obwohl sie auf einer wohl aussterbenden Technologie beruhen, haben Podcasts gerade eine neue Blütezeit, wohl aufgrund der vielen mobilen Endgeräte. Es ist einfach, das "Radio-Programm" überall mitzunehmen.

Obwohl die Beliebtheit von Podcasts neue Stars und Sternchen hervorgebracht hat, ist die Einführung im Firmenbereich eher zurückhaltend.

Einen Podcast aufzusetzen und fortlaufend zu führen, ist technisch anspruchsvoll und setzt eventuell ein Investment in die richtige Technologie voraus. Und wohl auch ein wenig Übung!

Mein Insider-Tipp zum Podcast: Viele Firmen nutzen

diese Kommunikationsart nicht. Hier könnte ein Nischenmarkt für Sie bestehen. Besetzen sie ihn, um sich von der Konkurrenz abzuheben!

Wenn Sie mehr über Podcasts erfahren möchten, empfehle ich Ihnen, die Homepage von Dr. Jon Buscall zu besuchen (www.jontusmedia.com). Er hat viele Informationen über Podcast, unter anderem auch ein hilfreiches eBook.

Twitter

Twitter ist wohl einer der beliebtesten Kanäle- bei Marketingexperten, Teenagern oder Celebrities. Und das wohl dank seiner "Jetzt-gerade-hier"-Natur.

Twitter ist auch zu einem zweiten Bildschirm mit Kommentarfunktion geworden: Durch das ständige Kommentieren während des Fernsehens revolutioniert Twitter z.B. die Werbung.

Die Plattform hat viele Vorteile für Firmen. Einer ist, dass man hier sehr schnell eine Leserschaft aufbauen kann. Ausserdem hat Twitter viele innovative Werbeplattformen hervorgebracht. Viele Marken nutzen Twitter unter anderem für ihren Kundenservice. Berichten zufolge wird deutlich, dass Kunden, die Ihnen auf Twitter folgen, sehr loyale Kunden sind.

Es gibt wohl viele Arten, Twitter in eine Strategie einzubinden. In meinen Augen ist es am besten eingesetzt, wenn man es zum Netzwerken nutzt. Die offene und öffentliche Natur von Twitter erlaubt es einem, verschiedenste Beziehungen mit neuen Kunden, potenziellen Arbeitnehmern, und Geschäftspartnern in der Region oder darüber hinaus aufzubauen. Wenn Ihr Unternehmen von Offline-Netzwerk-Events profitiert, dann sind Sie bei Twitter richtig.

Ein weiterer Tipp ist, auch einmal die Suchfunktion von Twitter auszuprobieren. Viele Marketingfachleute sind davon überzeugt, dass dies eine der wohl wichtigsten Quellen für Marketing Research ist, die jemals bestand. Und es ist kostenlos! Man kann die vorherigen Suchen speichern, sodass man langfristig Diskussionen über Marken, Informationen über die Konkurrenz und andere Dinge verfolgen kann.

Der wohl grösste Nachteil von Twitter ist, dass es für viele Leute schwer verständlich ist, so dass es eine gewisse Lernphase braucht. Es ist ein wenig so, als ob Sie in ein neues Land mit einer neuen Sprache und anderen Traditionen ziehen. Um sich schneller auf Twitter zurechtzufinden, haben viele Leute *The Tao of Twitter* genutzt, das meistverkaufte Buch über Twitter weltweit.

Facebook

Was als Netzwerk für College-Studenten anfing, ist eines der grössten sozialen Netzwerke der Welt geworden – und die grösste Homepage. In meinem Unterricht betone ich häufig, dass Facebook keine Homepage ist, es ist eine Lebenseinstellung für viele Leute. Es ist global, macht süchtig, ist hilfreich und die grösste Mediengesellschaft unserer Zeit. Das kann man nicht ignorieren.

Doch trotz der Popularität gibt es keine andere Plattform, die so viel Widersprüche oder Ängste hervorgerufen hat. Facebook war so freizügig mit den privaten Informationen ihrer User, dass es von der US Regierung angegriffen wurde, es eine Untersuchung vor dem Congressional Committee gab und es schliesslich für schuldig befunden wurde. Es war zeitweise eine Quelle für Mobbing und Misshandlungen unter Teeangern. Facebook wurde regelmässig, für seine Arroganz und seine Art Geschäfte zu machen, kritisiert. Ausserdem wurde ihnen ständig vorgeworfen, unfreundlich und unerreichbar für ihre Geschäftskunden zu sein.

Und dennoch...

Facebook ist die Nummer eins in der Verbindung von Firmen mit ihren Kunden; und das schnell und menschlich. Es ist eine ideale Plattform, um zügig Informationen zu verbreiten, Reaktionen zu beobachten und Daten zu sammeln. Facebook hat seine Analytics verbessert und Reporting-Systeme eingeführt, sodass es nun das wohl geschäftsfreundlichste Reporting von allen Sozialen Netzwerken anbietet

Jüngere Nutzergruppen fokussieren sich eher auf Plattformen wie Instagram oder Snapchat, dennoch ist Facebook immer noch das "Wohnzimmer" für Familien, Freunde, Fotos und Videos. Facebook ist das meist genutzte Social Network in vielen Ländern auf dieser Welt.

Manche Geschäftsinhaber sehen Facebook als kostenlose Verkaufsplattform an. Die Wahrheit sieht anders aus: Facebook ist wohl einer der schwierigsten und teuersten Plattformen.

Und das liegt vor allem an Edge Rank.

Das ist ein Programm, dass Facebook nutzt, um den Newsfeed der Nutzer anzupassen, sodass jeder Nutzer auf den ersten Blick sieht, was es bei Freunden Neues gibt. Genau deshalb werden Nachrichten, die sie posten von einer sehr kleinen Menge an Menschen gesehen, die ihnen bereits folgen. Das kommt natürlich sehr auf die Branche an. Die News können dabei weniger als 1 % der Fans erreichen, aber auch bis zu 30 %.

Um Ihre Chancen gesehen zu werden, zu erhöhen, können Sie entweder Facebook bezahlen und Ihren Post "sponsern" lassen, Anzeigen kaufen oder in Personal investieren, die Zeit aufbringen können, so aussergewöhnlich guten Content zu produzieren, dass er Edge Rank umgehen kann. Um wirklich erfolgreich zu sein, bedarf es einer Mischung aus allem. Selbst wenn Sie jeden Tag einzigartigen, wunderbaren Content produzieren, können Sie quasi unsichtbar sein ohne diese extra Aufgaben.

Mein Insider-Tipp für Facebook wäre daher, diese Plattform mit offenen Augen anzuschauen und zu verstehen, dass es weder einfach noch günstig ist, hier Marketing zu betreiben. Vergessen Sie dabei nicht, dass es viele andere gute Gründe gibt, auf Facebook vertreten zu sein. Die meisten Jobsuchen starten heutzutage in den Social Media. Viele junge Leute waren wohl niemals auf Ihrer Homepage, bevor sie sich beworben haben.

LinkedIn

LinkedIn ist bekannt als das soziale Netzwerk für Geschäftsleute. Es zeigt die Berufserfahrung auf und hilft Ihnen dabei, sich mit Leuten aus Ihrem Mailaccount und den Orten an denen Sie gearbeitet haben, zu vernetzen.

LinkedIn-Profile sind quasi Online-Lebensläufe, die detailliert die Ausbildung, die Fähigkeiten, die Erfahrung und Empfehlungen von Kollegen und Freunden aufzeigen. Es gibt Ihnen auch die Möglichkeit Präsentationen, Blogeinträge und das eigene Portfolio zu verlinken. Die Plattform ist über die HR-Ansätze hinausgewachsen. Unter allen Social Media Plattformen ist LinkedIn diejenige mit dem meisten Salesleads und Abschlüssen, vor allem im B2B-Bereich.

Es gibt mehr als 2 Millionen LinkedIn-Gruppen, die sich verschiedenen Ausbildungen, Firmen oder anderem widmen. Manche sind eher laut und unnütz, andere sind dafür sehr beliebt unter Fachkräften, die wirklich Zeit aufwenden und sich gegenseitig in den Gruppen helfen und unterstützen.

Der Nachteil von LinkedIn kann wohl am besten mit dem folgenden Tweet zusammen gefasst werden: "Ich muss wirklich gelangweilt sein. Ich habe auf LinkedIn geschaut, was es Neues gibt."

Obwohl LinkedIn viele neue innovative Funktionen eingeführt hat, ist es häufig ein wenig langweilig. Leute tauschen sich nicht so aus. In den letzten Jahren hat sich LinkedIn darauf konzentriert, den Content der Nutzer zu publizieren. Das hat sie quasi zu einer unendlichen Quelle für Content gemacht und ist so eine wirklich gute Möglichkeit für Firmen, ihre Inhalte zu veröffentlichen.

Mein Tipp ist, dass Sie eine Verbindung zwischen Blogs, LinkedIn und einer hilfreichen, präsenten Social Media Leserschaft schaffen.

Sollten Sie einmal nicht die geeignete Inspiration für Ihren nächsten Content-Post finden, gehen Sie doch in die LinkedIn-Gruppe Ihrer Branche. In jeder Gruppe gibt es die Möglichkeit, Fragen zu stellen und neue Ideen vorzustellen. Nehmen Sie eine Frage auf und schreiben Sie einen Blogeintrag als Antwort. Dann verlinken Sie diesen in der Gruppe, um den anderen zu helfen diese Frage zu beantworten.

Und schon haben Sie drei Fliegen mit einer Klappe geschlagen: Sie haben einen guten Verteiler für Ihren Blogpost gefunden. Zweitens haben Sie den anderen geholfen, die Frage zu beantworten. Und letztlich haben Sie es geschafft, Aufmerksamkeit für Ihre Homepage zu generieren. Das funktioniert wirklich und ist auch noch leicht umsetzbar!

Pinterest

Wenn Sie in einer Branche arbeiten, die mit Mode, Style, Essen, Reisen, Inneneinrichtung oder Kunst zu tun hat, dann ist Pinterest ein "must have" für Sie. Die Seite mit Suchtfaktor kann beschrieben werden als

Notizbuch voller Ideen, Träumen, Inspirationen oder Anregungen.

Mehr als 70 % der Nutzer sind Frauen und Pinterest ist mittlerweile eine der Top 5 Social Media Plattformen in Bezug auf aktive Nutzer.

Pinterest ist gemacht für Geschäftstüchtige. Denn Pinterest sucht konkret nach Bildern mit Produkten, Preisschildern, die man sofort kaufen kann. Tatsächlich erhalten Pins, die ein Preisschild haben, 36 % mehr Likes als solche ohne. Der durchschnittliche amerikanische Pinterest-Nutzer verbringt ca. 1 Stunde 17 Minuten pro Besuch auf der Plattform.

Das wohl Wichtigste, was Sie über Pinterest wissen sollten: Pinterest fördert mehr Webtraffic und Verkäufe als jede andere Plattform, selbst Facebook. Edison Research hat aufgezeigt, dass die Nutzer nicht nur auf die Fotos klicken, um die Originalquelle zu suchen, sie besuchen die Firmenseite gleich nachdem sie Pinterest geschlossen haben.

Wenn Sie Pinterest direkt von der Website nutzen möchten (was sinnvoll ist und sehr effizient sein kann, um Aufmerksamkeit zu generieren), dann brauchen Sie eine sehr visuelle Homepage und einen visuellen Blog. Verbringen Sie zuerst Zeit auf Pinterest und schauen Sie sich um, was Ihre zukünftigen Kunden "pinnen".

Google+

Wir lieben die Auswahl im wahren Leben, aber im Internet haben wir alle eigentlich nur eine Chance bzw. eine Auswahl. Wir mögen die Auswahl beim Frühstück, beim Autokauf, aber wir brauchen alle nur ein Twitter, wir wollen nur ein LinkedIn. Und wir brauchen nur ein Social Network- Facebook.

Das ist das Problem von Google Plus. Die Zahl der registrieren Nutzer lässt Google Plus unter die Top 5 Plattformen kommen, aber die tatsächliche Nutzung verläuft schleppend. Die Aufgabe, Facebook vom Thron zu stossen, ist ja auch eine sehr herausfordernde.

Google Plus hat es nie geschafft, organisches Wachstum zu kreieren, und so verbindet die Firma zunehmend Google Plus Aktivitäten mit Search Engine Placement, der Integration in die ganze Google Produktpalette und anderen Vorteilen, mit denen Google die Nutzer quasi zwingt, ihre Plattform zu nutzen.

Verstehen Sie mich bitte nicht falsch. G+ ist eine tolle Seite mit vielen hilfreichen Features. Es hat viele loyale Fans, aber unter den 15 bis 34-jährigen wird es quasi ignoriert, und es ist nicht sichtbar in den traditionellen Medien, wo Facebook, Twitter oder YouTube dominieren.

Die University of Massachusetts hat gezeigt, dass nur ein Drittel aller Fortune 500 Firmen auf Google Plus vertreten ist- auf Facebook sind es 90%. Und unter denen mit einem Google+-Account sind mehr als die Hälfte inaktiv. Diese Statistik zeigt beides auf: das Problem, aber auch die sich daraus ergebende Chance.

Für diejenigen, die das erste Mal auf der Plattform sind, sieht G+ ein wenig aus wie eine Geisterstadt. Aber wenn Sie bisher keine Plattformen nutzen und für sich eher eine Nische suchen, könnte Google+ etwas für Sie sein. Vielleicht nutzen nicht allzu viele von Ihren Kunden die Seite, aber wenn Sie Google Plus beherrschen, können Sie bestimmt Vorteile für die Suchmaschinen-Optimierung finden.

YouTube

Noch vor ein paar Jahren waren die wohl beliebtesten YouTube-Videos ein daheim gedrehtes Video von einem Eichhörnchen auf Wasserskiern oder von Bräuten, die in den Pool fallen. Diese Zeiten sind vorbei.

Heute ist YouTube eine Entertainment-Plattform, die von Leuten im Zug oder auf dem Fernseher daheim genutzt wird. Wir sind alle ganz verrückt nach Video-Content und Experten sagen voraus, dass der Konsum von Video-Content sich in den nächsten Jahren verdoppeln wird.

Marken mischen bereits mit und produzieren spannende Mini-Filme nur für ihren YouTube-Kanal. Die Qualitätsstandards werden dabei stets weiterntwickelt.

Neben der Möglichkeit den Hunger der Öffentlichkeit auf ständige neue Videos zu stillen, verstehen Firmen mittlerweile auch, dass YouTube zu Google gehört und die zweitgrösste Suchmaschine der Welt ist. Milliarden von Videos werden tagtäglich auf YouTube geschaut.

Es scheint herausfordernd, in dieser Masse von qualitativen Videos mitzumischen, aber es gibt tatsächlich noch Platz für kleinere Firmen. Bedenken Sie einfach, dass die Suchergebnisse eher lokal sind, sodass selbst Start-Ups eine Chance haben, nützliche, informative und unterhaltende Videos zu präsentieren und so Aufmerksamkeit für sich zu generieren.

Mein Insider-Tipp für YouTube: Konzentrieren Sie sich auf praktische, informative Anleitungs-Videos. Auch wenn es der Wunsch von jedem ist, ein Video zu produzieren, dass sofort online einschlägt, ist es eine Realität, dass man einen Erfolg wie den von *Gangnam Style* nicht planen kann.

Live Video

Eine andere Form der Video-Verbindungen nimmt stark an Fahrt auf: das live übertragene Video. Zwei technologische Entwicklungen haben dies erst ermöglicht: der Zugang zu gutem WLAN und die verbesserte Qualität von Kameras in Smartphones. Das hat neue, innovative Nutzungsmöglichkeiten und Plattformen gefördert.

Sie können nun live auf Facebook, YouTube, Twitter (Periscope) und viele andere Plattformen übertragen.

Es ist unterhaltend, einfach und bietet neue Möglichkeiten für Marketingabteilungen- vor allem für diejenigen, die nicht durch Rechtsabteilungen reguliert werden. Hier ein paar Richtlinien für Live-Videos:

- Stellen Sie sicher, dass Sie aus ihren eigenen Räumlichkeiten übertragen.

- Holen Sie sich das schriftliche Einverständnis von jedem, der in dem Video zu sehen ist. Selbst von denjenigen, die Sie aus Versehen filmen.

- Vermeiden Sie es, leicht wiederzuerkennende Logos zu filmen oder Songs im Hintergrund laufen zu lassen.

Live-Videos können ein guter Weg sein, um eine persönliche Marke aufzubauen. Der Geschichte wird ein Gesicht und eine Stimme gegeben, und man hat schnell eine emotionale Verbindung zu den Fans.

SlideShare

SlideShare ist (noch) nicht als eine der grossen Social Media Plattformen angesehen, aber ich möchte es trotzdem inkludieren. Wenn Sie darüber nachdenken, wo Sie anfangen möchten, ist SlideShare möglicherweise ein guter Startpunkt. Denn die Idee ist einfach: Teilen Sie PowerPoint Folien!

Als ich vor einigen Jahren anfing zu lehren, habe ich aus erster Hand mitbekommen, wie nützlich SlideShare sein kann. Vor dem Unterricht habe ich meine Präsentation auf SlideShare hochgeladen, sodass die Studenten meine Materialien sehen konnten, ohne sie ausdrucken zu müssen.

Nur eine Stunde nachdem ich sie hochgeladen hatte, wurde die Präsentation schon 150 Mal angeschaut. Niemand dieser 150 Menschen war einer meiner Studenten. Da habe ich verstanden, dass SlideShare eine Möglichkeit sein könnte, um Geschäfte zu machen. Wenn Sie mehr Informationen zu diesem Thema haben möchten, schauen Sie auf meine Homepage www.businessesGROW.com.

SlideShare ist von Google anerkannt und man kann Keywords einbauen, wenn man die Slides hochlädt, sodass Leute Ihren Content einfacher finden können.

Foto-Sharing Seiten

Instagram und Flickr sind die wohl bekanntesten Foto-Sharing Seiten. Die Wichtigkeit von Foto-Content ist von einigen Marktfaktoren beeinflusst:

Erstens hat die erhöhte Nutzung von Smartphones und Tablets die Hürden für Fotoaufnahmen und das Teilen von Fotos eingerissen. Es ist unterhaltend, es ist einfach und es ist schnell.

Zweitens ist es in unserer informationsüberfluteten Welt viel einfacher, sich auf Fotos zu konzentrieren. Es ist einfach, ein paar Minuten auf Instagram zu verbringen und innerhalb kürzester Zeit hunderte Bilder anzuschauen und sich zu informieren.

Und man kann es auch bei der Arbeit machen. Viele Firmen sperren den Zugang zu Facebook oder Twitter auf Firmencomputern, aber z.B. Instagram kann man leicht auf seinem Smartphone nutzen (85 % aller Instagram-Nutzer nutzen die Plattform während der Arbeit!).

Wenn Sie eine sehr visuelle Marke haben, dann ist dieser Trend der Foto-Sharing Plattformen für Sie eine gute neue Möglichkeit. Ein Tipp von mir: Betrachten Sie die Seiten nicht nur als Ort zum Teilen. Hier können Sie eine effiziente Markt- und Kundenrecherche betreiben, indem Sie Hashtags und Themen durchsuchen. Wo sonst können Sie Kunden finden, die ihre Erlebnisse mit Ihrer Marke durch ein Foto teilen?

Nachrichtendienste

Streng genommen sind Nachrichtendienste keine Social Media, da sie ja privat sind. Trotzdem gibt es neue Marketingmöglichkeiten in diesem Bereich.

Mehr als zwei Drittel aller Informationen im Internet werden "verdunkelt" geteilt. Das bedeutet, dass sie nicht veröffentlicht werden, sondern durch Mail, SMS, whatsapp oder einer anderen privaten Message-App verbreitet werden. Das sind sehr viele Informationen, die langsam in den Fokus von Marketingexperten rücken.

Facebook Messenger hat mehr als 900 Millionen Nutzer, und die Firma schaut sich dauernd nach Ausbaumöglichkeiten der Plattform um. Mehr als 1 Milliarde aktive WhatsApp Nutzer machen WhatsApp zum wohl grössten Messaging-Service weltweit. Snapchat und Kik konzentrieren sich darauf, sich mit einer bestimmten demografischen Gruppe zu verbinden. In Zukunft werden solche Plattformen ganz individuelle Lösungen anbieten.

In diesem Buch habe ich versucht, die Essenz von Social Media aufzuzeigen und das Thema so zu vereinfachen, dass es für jede Firma zugänglich ist. Lassen Sie mich diesen Abschnitt mit einem letzten Gedanken beenden.

Man kann schnell ob der grossen Masse an Plattformen verzweifeln, denn jedes Jahr werden es mehr. Aber wenn wir zurückschauen wird klar, dass viele langfristig nicht überleben werden. Hier sind einige Plattformen, die Ihren Höhepunkt überschritten und an Relevanz stark eingebüsst haben.

- Meerkat

- Quora

- Path

- Foursquare

- Ello

Manche sind immer noch in einem Nischenmarkt aktiv. Realität aber ist, dass heute 98 % aller Marketinggelder, die in Social Media Plattformen fliessen, denjenigen zukommen, die in diesem Buch vorgestellt sind.

Ihr Aufgabe ist es nun, zu verstehen, wie diese Veränderungen und Plattformen Ihre Branche und Ihre Firma beeinflussen. Rennen Sie aber nicht jedem Trend blind hinterher! Konzentrieren Sie sich einfach auf diejenigen Plattformen, auf denen sich Ihre Kunden bewegen.

Damit schliesse ich diesen finalen Abschnitt von *Social Media Explained*. Vielen Dank, dass Sie mein Buch gelesen haben. Ich wünsche Ihnen viel Glück auf Ihrer Social Media Reise.

Mark W. Schaefer

Über den Autor

Mark W. Schaefer ist ein weltweit anerkannter Blogger, Referent, Pädagoge, Unternehmensberater und Autor, der für {grow} bloggt – einer der weltweiten Top-Marketing-Blogs.

Mark hat seit fast 30 Jahren Erfahrung im internationalen Vertrieb, Public Relations und Marketing gesammelt und bietet jetzt Beratungsleistungen als Geschäftsführer der Schaefer Marketing Solutions in den Vereinigten Staaten an. Spezialisiert auf Social-Media-Training, zählen zu seinen Kunden sowohl Start-ups als auch globale Marken wie IBM, Johnson & Johnson und die Regierung des Vereinigten Königreichs.

Mark hat höhere Abschlüsse in Marketing und Organisationsentwicklung und ist Mitglied der Fakultät des Aufbaustudienprogramms der Rutgers Universität.

Er ist Autor vier weiterer Bestseller: "Return On Influence", "Born to Blog", "The Content Code", und "The Tao of Twitter" – dem weltweit meist verkauften Buch

zum Thema Twitter. Er zählt zu den weltweit bekanntesten Social-Media-Autoritäten und ist Hauptreferent
auf internationalen Konferenzen, einschließlich der Social Media Week London, National Economic Develop-
ment Association, dem Institut für internationale und
europäische Angelegenheiten (eine EU-Ideenschmiede)
und Word Of Mouth Marketing Summit Tokio.

Danksagungen

Als ich meine Frau Rebecca heiratete, war ich Geschäftsmann und ein Teilzeit-Schriftsteller.

Heute bin ich in erster Linie ein Schriftsteller, der ein Teilzeit-Geschäftsmann ist. Es gibt einen GROSSEN Unterschied!

Ich bin nur deshalb in der Lage, Content durch Blog-Posts, Videos und Bücher wie "Social Media Explained" zu erstellen, weil ich eine Ehepartnerin habe, welche die seltsame und oft unbequeme Welt des kreativen Schaffens toleriert und unterstützt. Danke Schatz!

Wenn Sie ein Leser meines Blogs {grow} sind, waren Sie unwissentlich eine Fokusgruppe für die Ideen in diesem Buch! Ein Großteil der Inhalte begann sein „Leben" als Blog-Post. Ich habe aufmerksam die Kommentare für Ideen, Korrekturen, Ergänzungen und Dissens hierzu verfolgt. Dieses Buch wurde von einem unglaublich intelligenten und loyalen Social-Media-Publikum geschmiedet. Ich danke Ihnen allen!

Letztendlich beziehe ich jedes Wort, das ich schreibe, jeden Atemzug, den ich mache, durch die Gnade Gottes. Ich lege ihm demütig diese Arbeit zu seiner Ehre vor.

Sie können mit Mark in Verbindung bleiben auf www. businessesGROW.com

www.ingramcontent.com/pod-product-compliance
Lightning Source LLC
Chambersburg PA
CBHW021422170526
45164CB00001B/52